Die Airbnb-Formel

IN 5 SCHRITTEN VOM ANFÄNGER ZUM SUPERHOST

HANNES ÜHSS

1. Auflage | Dezember 2017

Impressum
Hannes Ühss
Scanbox #02767
Ehrenbergstr. 16a
10245 Berlin
www.superhostcampus.com

ISBN-10: 1973586428
ISBN-13: 978-1973586425

Für Fragen und Anregungen
hannes@superhostcampus.com

Inhalt

Vorwort

Uber, das grösste Taxiunternehmen der Welt, besitzt keine eigenen Fahrzeuge. Facebook, das bekannteste Medienunternehmen der Welt, produziert keine eigenen Inhalte. Delivery Hero, das größte Restaurant der Welt, hat keine eigene Küche. Und Airbnb, der weltweit größte Anbieter von Urlaubsunterkünften besitzt keine eigenen Immobilien. Diese Beobachtung stammt von Tom Goodwin, einem in den USA lebenden Kolumnisten, der die rasante Entwicklung dieser Online-Plattformen sehr treffend zusammengefasst hat.

All diese Online-Plattformen haben sich inzwischen fest in unserem Alltag etabliert und verändern die Art wie wir reisen, denken und fühlen. Vor allem die sogenannte Industrie des Teilens (Sharing-Economy), also die gemeinsame Nutzung von Produkten und Dienstleistungen, ist eine extrem schnell wachsende Bewegung, die dabei hilft, das Leben einfacher und günstiger zu gestalten. Auch wenn uns die Werbung nach wie vor verkauft, dass uns ausschließlich der Besitz von Produkten glücklich macht, realisieren immer mehr Menschen, dass wir nicht die Dinge besitzen, sondern die Dinge uns besitzen.

Und hier kommt die gute Nachricht: Der Großteil dieser Online-Marktplätze kann von jedem genutzt werden.

Und zwar sowohl als Konsument als auch als Anbieter. Das Einzige, was du dafür benötigst ist etwas, dass du bereit bist zu teilen. Also zum Beispiel ein Dach über dem Kopf, dass du hin und wieder mit Geschäftsreisenden und Touristen teilst. Individualreisen sind einer der großen Zukunftstrends und wenn du bereit bist, deine Unterkunft Reisenden zu öffnen, kommt die Welt in dein eigenes Zuhause und du kannst monatlich etwas dazuverdienen.

Da du gerade diese Zeilen liest, hast du das Potential dieser Bewegung wohl schon erkannt und mit dem Kauf dieses Buches bereits den ersten Schritt in die richtige Richtung unternommen.

Für wen ist dieses Buch?

Wenn du diese Zeilen liest, überlegst du bereits, ob du deinen freien Wohnraum über die Online-Plattform Airbnb anbieten möchtest. Vermutlich hast du über Airbnb in der Zeitung gelesen, von Freunden gehört oder vielleicht hast du die Plattform ja bereits schon einmal selber in deinem Urlaub oder auf Geschäftsreise als Gast genutzt und möchtest jetzt die Rollen wechseln. Unabhängig davon, wie du von Airbnb erfahren hast, bist du einer der Wenigen, die erkannt haben, wie man an dem Erfolg der Sharing-Plattformen teilhaben kann.

Ich habe in den letzten Jahren mit unzähligen Airnb-Vermietern gesprochen. Und dabei sind mir immer wieder sechs Personengruppen aufgefallen, die sich mit Hilfe von Airbnb finanzielle Spielräume schaffen. Möglicherweise erkennst du dich ja in einer der folgenden Situationen wieder?

- **Pendler**, die berufsbedingt (oder der Liebe wegen) zwei Wohnungen besitzen, wovon eine meist über das Wochenende leer steht.
- **Berufstätige**, die viel auf Achse sind (z.B. Berater, Flugbegleiter, Außendienstmitarbeiter) und meistens in Hotels übernachten.
- **Studenten**, die ein Auslandssemester absolvieren und danach wieder ihre Wohnung nutzen wollen.
- **Wohngemeinschaften**, die ein leeres WG-Zimmer haben.
- **Rentner/Senioren**, die ein großes Haus besitzen, in dem es mehrere leer stehende Zimmer gibt, da z.B. die Kinder das elterliche Nest bereits verlassen haben.
- **Immobilien-Investoren**, die nach einer alternativen Vermietungsform mit attraktiver Mietrendite suchen.

Wenn einer dieser Punkte auf dich zutrifft und du dem Thema Kurzzeitvermietung offen gegenüberstehst, findest du in diesem Buch eine Schritt-für-Schritt-Anleitung, wie du dir mit Hilfe von Airbnb monatlich etwas dazuverdienen kannst. Dabei nimmst du allerdings nicht die Rolle eines regulären Wohnungsvermieters ein, den man meist nur zweimal im Leben sieht, nämlich beim Einzug und beim Auszug. Sondern du musst dafür die sogenannte Extrameile gehen und deinen Gästen eine angenehme Reiseerfahrung ermöglichen, damit sie dich und deine Unterkunft positiv bewerten.

Dafür wirst du dann allerdings mit einem Zusatzeinkommen belohnt, von dem du dir Träume erfüllen oder für die Zukunft vorsorgen kannst.

Wie du dieses Buch nutzt

Dieses Buch ist in mehrere, aufeinander aufbauende Kapitel gegliedert. Wenn du Airbnb zum ersten Mal als Gastgeber nutzen möchtest, kannst du den größten Mehrwert für dich schaffen, indem du es von Anfang bis Ende durchliest. Dadurch erhälst du eine Schritt-für-Schritt-Anleitung, wie du mit Hilfe von einem leerstehenden Zimmer und Airbnb ein monatliches Zusatzeinkommen generieren kannst. Wenn du bereits erfahrener Airbnb-Gastgeber bist, kannst du dieses Buch natürlich auch als Nachschlagewerk nutzen und direkt zu dem Kapitel springen, dass dich am meisten interessiert. Da die meisten Kapitel allerdings einen Bezug zueinander haben, wirst du bei dieser Vorgehensweise den ein oder anderen Tipp übersehen.

Wie jede funktionierende Gemeinschaft basiert auch Airbnb auf einem vertrauensvollen Umgang untereinander. Daher verwende ich in diesem Buch ausschließlich die Du-Ansprache. Dies ist gang und gäbe in der Airnb-Community und es vermittelt eine authentische Art in der Kommunikation mit deinen zukünftigen Gästen. Dafür eignet sich meiner Erfahrung nach das »*Du*« einfach wesentlich besser als das distanzierte »*Sie*«.

Da sich die Airbnb-Plattform permanent weiterentwickelt, findest du in diesem Buch nur vereinzelt Abbildungen der Airbnb-Webseite. Diese wären zum Zeitpunkt des Druckes bereits schon wieder veraltet und würden zu viel Verwirrung stiften. Das in den Kapiteln vermittelte Wissen soll dir hauptsächlich als Wegweiser dienen, anstatt langatmig jeden einzelnen Button der Plattform zu erklären. Für viele Begriffe aus der sogenannten Sharing-Economy gibt es leider (noch) keine passende deutsche Übersetzung. Daher findest du am Ende des Buches ein Glossar, in dem alle englischen Begriffe erklärt werden. Abgerundet wird es mit zahlreichen praxiserprobten Tipps, die du als Inspiration nutzen kannst, um dein eigenes Airbnb-Inserat zu verbessern und deine Einnahmen kontinuierlich zu steigern.

In manchen Kapiteln existieren weitergehende multimediale Inhalte, die ich auf der zu diesem Buch dazugehörigen Webseite www.superhostcampus.com veröffentlicht habe. Auf der Webseite findest du ebenfalls eine Anmeldemöglichkeit für meinen Newsletter, in dem ich wöchentlich neue Tipps und Tricks kostenlos mit meinen Lesern teile.

Bist du nun bereit, deine Tür für Fremde zu öffnen und Fremde zu Freunden zu machen? Dann legen wir direkt los.

SCHRITT 1

Was du über Airbnb wissen solltest

AIRBNB IST EIN INTERNETMARKTPLATZ, auf der Menschen weltweit Unterkünfte inserieren und buchen können. Airbnb agiert dabei als Vermittler zwischen Wohnungsanbietern und Wohnungssuchenden und hat sich auf die sogenannte Kurzzeitvermietung (also tage- und wochenweise) spezialisiert. Der Durchbruch gelang der Plattform, da neben klassischen Hotelzimmern und Ferienwohnungen nun jeder die Möglichkeit hat, leerstehende Zimmer und Wohnungen einem weltweiten Publikum zur Übernachtung anzubieten.

Ein weiterer Erfolgsfaktor liegt in der Tatsache, dass die auf dem Online-Marktplatz angebotenen Unterkünfte meist günstiger als ein Hotel sind und häufig den direkten Kontakt zu Einheimischen ermöglichen. Die Airbnb-Vermietung bewegt sich dabei in der Mitte zwischen einem klassischen Hotel und dem Couchsurfing-Modell, bei dem man kostenlose Übernachtungen für Reisende anbietet. Wie es scheint, haben immer mehr Menschen die Nase voll von anonymen, überteuerten Hotels und übernachten stattdessen lieber in authentischen Privatunterkünften. Im Vergleich zu einer »*normalen*« Firma wächst Airbnb allerdings nicht, indem sie Lagerbestand erhöht und mehr Produkte verkauft, sondern das Wachstum erfolgt dadurch, dass die Anzahl von Gästen, Gastgebern und Unterkünften erhöht wird und somit sowohl mehr Angebot als auch zeitgleich mehr Nachfrage geschaffen wird.

Die Geschichte von Airbnb

Begonnen hat alles 2007 in San Francisco, als sich die zwei Freunde Brian Chesky und Joe Gebbia die Miete für ihr eigenes Apartment nicht mehr leisten konnten. Auf der Suche nach zusätzlichen Einkommensmöglichkeiten entschieden sie sich dazu, drei Luftmatratzen in ihrem Apartment zu platzieren, die sie (inklusive Frühstück) an Besucher vermieten wollten. Da zu der Zeit gerade eine der angesagtesten Design-Konferenzen in San Francisco stattfand und die Hotels horrende Übernachtungspreise verlangt haben, war die Nachfrage hoch und die angebotenen Luftmatratzen wurden innerhalb von wenigen Stunden vermietet. Ihre ersten Gäste waren zwei Männer und eine Frau, die jeweils 80 $ für die Übernachtung bezahlten. Aber auch als die Design-Konferenz vorbei war und die Gäste abgereist waren, erhielten die Gründer noch weiterhin Anfragen, ob ihre Luftmatratzen für zukünftige Events ebenfalls zu vermieten seien.

Trotz anfänglicher Skepsis konnten sie ihren Freund Nathan Blecharczyk von der Idee überzeugen und ihn als Mitgründer gewinnen, den ersten Entwurf der Airbed & Breakfast-Webseite zu programmieren. Die erste Version war sehr einfach gehalten und bestand hauptsächlich aus einer Umgebungskarte, auf der Freunde und Bekannte eingeladen wurden, ihre eigenen Unterkünfte als Übernachtungsmöglichkeiten einzutragen. Daher war vor allem der Anfang der Firma sehr holprig und die Gründer haben die Geschäftsidee der privaten Übernachtungsmöglichkeiten mehrfach verworfen. Als sie es allerdings geschafft haben ihr erstes Startkapital in Höhe von 30.000 $ mit dem Verkauf von selbst gestalteten, lustigen Cornflakes-Packungen zu verdienen und sie im Anschluss auch noch einen Investor von der Idee überzeugen konnten, ging es mit der Firma langsam bergauf.

Der eigentliche Durchbruch gelang allerdings erst, nachdem sie nach einer langen Durststrecke die Gastgeber in ihren Unterkünften persönlich besucht und mit ihnen ihre Probleme besprochen haben. Mit dem wertvollen Feedback und einer langen Ideenliste im Koffer wurde ihr Angebot kontinuierlich den Wünschen der Kunden angepasst und das Wachstum hat sich – vor allem auch dank zahlreicher Investoren – seitdem rasant beschleunigt. Inzwischen hat sich Airbnb zum weltweit führenden digitalen Marktplatz für Privatunterkünfte entwickelt, ist in über 65.000 Städten in 191 Ländern aktiv und wurde bereits von über 200 Millionen Gästen genutzt[1]. Neben klassischen Wohnungen findet man auch

---

1 https://www.airbnb.de/about

zahlreiche exotische Unterkünfte, wie z.B. Hausboote, Jurten, Baumhäuser und Schlösser zur Miete.

Wer noch mehr zu der Geschichte von Airbnb erfahren möchte, dem kann ich das Buch *»Die Airbnb-Story: Wie drei Studenten die Reiseindustrie revolutionierten«* von Leigh Gallagher empfehlen. Das Buch beleuchtet die Airbnb-Geschichte von der Ideenfindung bis zur heutigen Situation und darüber hinaus nochmals wesentlich detaillierter und ist mit zahlreichen Anekdoten gespickt.

Die fünf häufigsten Fragen zur Airbnb-Vermietung

Wenn ich in meinem Bekannten- und Freundeskreis das Thema Airbnb anspreche, gibt es Fragen, die immer wieder gestellt werden. Auf diese häufig gestellten Fragen findest du in diesem Kapitel kompakte Antworten. In den späteren Kapiteln tauchen wir dann tiefer in die Materie ein und die Punkte werden wesentlich ausführlicher erklärt.

Du lässte fremde Personen in deine Wohnung? Ist das denn sicher?

Was passiert, wenn jemand etwas in meiner Wohnung stiehlt oder zerstört? Was unternehme ich, wenn sie die Wohnung verwüsten? Woher weiß ich, dass die Gäste harmlos sind? Und was mache ich, wenn ein Gast meine Nachbarn bedroht?

Fragen zum Thema Sicherheit werden mit Abstand am häufigsten gestellt. Vielleicht liegt es an der aktuell in den Medien viel besprochenen Flüchtlingsdebatte und dem insgesamt in den letzten Jahren gestiegenen Misstrauen gegenüber Fremden. Aber meiner Erfahrung nach sind Touristen und Geschäftsreisende, die häufig viele hunderte Kilometer reisen, um an einer Konferenz teilzunehmen oder ein neues Fleckchen Erde zu entdecken, meist sehr freundliche, umgängliche Personen.

Natürlich sollte man nicht zu viel Naivität an den Tag legen, aber es gibt meiner Meinung nach drei Punkte, die die Sicherheit bei der Airbnb-Vermietung zusätzlich unterstützen:

1. Im Vergleich zu einem Hotel kannst du dir deine Gäste als Airbnb-Gastgeber aussuchen. Jeder interessierte Gast muss im Vorfeld eine Buchungsanfrage schicken, die du annehmen oder ablehnen kannst. Zusätzlich besitzt jeder Gast ein eigenes Profil mit Bewertungen und Referenzen. Im Gegensatz zu dem in der Bar aufgegabelten One-Night-Stand kannst du bei Airbnb also überprüfen, wie andere Gastgeber deinen Gast in der Vergangenheit bewertet haben.
2. Bei jeder Buchung kannst du für kleinere Schäden (wie z.B. zerbrochenes Geschirr) eine Kaution festlegen. Dadurch kannst du bei einem Schaden relativ einfach einen Teil der Kaution des Gastes einbehalten.
3. Und falls es wirklich einmal zu größeren Problemen kommen sollte, bietet Airbnb eine Gastgeber-Garantie an, bei der (je nach Land) Schäden bis zu 800.000 € erstattet werden. Dabei handelt es sich um eine Versicherung, die automatisch bei jeder Buchung beinhaltet ist. Wie bei allen Versicherungen gibt es natürlich auch bei dieser

das berühmte Kleingedruckte, in dem mehrere Ausnahmen (wie z.B. Diebstahl von Wertgegenständen oder Bargeld) genannt werden.

Darf man das überhaupt? Ist das legal?

Wenn man in der Zeitung einen Artikel über Airbnb liest, handelt dieser (leider) meist von einer Horror-Story, bei der ein Gast eine Unterkunft verwüstet hat, oder über Städte, die neue Gesetze und Vorschriften zur kurzfristigen Wohnraumvermietung verhandeln.

Wie bei vielen technischen Innovationen gibt es daher auch beim Thema Airbnb noch keine allgemeingültige Grundsatzentscheidung. Ähnlich wie andere Online-Plattformen, wie z.B. eBay oder Amazon, ist die Plattform Airbnb an sich natürlich legal. Die Komplexität entsteht dadurch, dass jede Stadt (und teilweise sogar jeder Stadtbezirk) eigenständige Vorschriften veranlasst, die zum Teil durch schwammige Formulierungen zu rechtlichen Grauzonen führen.

Die Frage der Legalität ist daher ganz klar mit einem Ja zu beantworten. Grundsätzlich ist eine Airbnb-Vermietung immer möglich, sofern man die lokalen Gesetze und Vorschriften beachtet. Um noch mehr Klarheit in diesen Bürokratie-Dschungel zu bringen, gibt es daher in Schritt 2 weitere Details und einige konkrete Beispiele dazu.

Tipp: Weitere Fragen und spannende Diskussionen zu diesem Thema findest du auch in unserer Community auf www.superhostcampus.com

Das funktioniert doch nur in Metropolen?

Schlafen muss jeder, nicht nur diejenigen, die eine Stadt besuchen. Kostenpflichtige Übernachtungsmöglichkeiten werden bereits seit hunderten von Jahren angeboten. Und auch wenn die Digitalisierung immer weiter voranschreitet, wird die Vermietung von Unterkünften auch noch in 50 Jahren existieren. Und zwar sowohl in der Stadt als auch auf dem Land.

Gibt es ein Hotel oder Ferienwohnungen in deiner Nähe? Falls ja, ist dies ein gutes Indiz dafür, dass Menschen in deiner Nähe nach Übernachtungsmöglichkeiten suchen. Aber auch wenn es keinerlei klassische Angebote in der Nähe gibt und sich in deinem Ort Fuchs und Hase gute Nacht sagen, wirst du nur über das Inserieren deiner Wohnung auf der Airbnb-Plattform herausfinden, ob es vielleicht nicht doch Menschen gibt, die deine Unterkunft buchen wollen.

Wirft man einen Blick nach Amerika, so sind dort inzwischen vor allem ländliche Regionen einer der größten Wachstumsmärkte von Airbnb. Und es ist davon auszugehen, dass dieser Trend (wie so vieles) ebenfalls zu uns nach Europa überschwappt[2].

Das ist doch nur für 20-30 Jährige?

In den Anfangsjahren wurde der Airbnb-Marktplatz tatsächlich vorwiegend von jungen Gästen und Gastgebern genutzt. Inzwischen haben über 200 Millionen Gäste weltweit eine Reise über Airbnb gebucht und aufgrund

2 https://press.atairbnb.com/app/uploads/2017/06/Beyond-Cities_United-States-National-Report.pdf

der Reichweite hat sich das Unternehmen als Hotelalternative für jung und alt etabliert.

Und auch auf Gastgeber-Seite verdienen sich inzwischen Vertreter jeder Altersstufen ein Zusatzeinkommen über die Vermietung von freiem Wohnraum auf Airbnb. Sowohl die Webseite als auch die zugehörige App ist auch ohne fundierte IT-Kenntnisse leicht bedienbar und die Basisfunktionen schnell erlernbar.

Übrigens sind vor allem Senioren, die gerade den Herbst ihres Lebens genießen, die am stärksten wachsende Gastgeber-Gruppe auf Airbnb. Denn diese besitzen meist leerstehende Kinderzimmer, haben aufgrund des Rentenalters viel Zeit zur Verfügung und möchten sich nun etwas zu ihrer staatlichen Rente hinzuverdienen. Und Gastfreundschaft kennt zum Glück kein Alter.

Die letzte Frage zum Thema Airbnb-Einnahmen ist eine meiner Lieblingsfragen, daher hat sie ein eigenes Kapitel erhalten.

Wie viel kann man mit Airbnb verdienen?

Laut Aussage von Airbnb verdient der Großteil der Gastgeber mit der Vermietung von freiem, ungenutzten Wohnraum ein nettes Extra-Einkommen, dass sie für den nächsten Urlaub oder zur Kredittilgung verwenden. Es gibt allerdings auch Gastgeber, die dieses Geschäftsmodell inzwischen als Vollzeit-Job betreiben. Und dann gibt es auch noch Menschen, die ihren Job gekündigt haben und inzwischen nur noch von den Airbnb-Einnahmen leben, während sie die Welt bereisen.

Ob und wie viel Geld du mit der Vermietung verdienst, hängt natürlich von verschiedenen Faktoren, wie z.B. der Art der Unterkunft und der Nachfrage, ab. Ein großer Vorteil von Online-Marktplätzen, wie z.B. Airbnb ist allerdings, dass du sehr einfach deine Mitbewerber analysieren und damit herausfinden kannst, wie viel Geld du mit der Airbnb-Vermietung ungefähr verdienen kannst. Bevor du also mit deinem Airbnb-Abenteuer startest, solltest du dir zunächst ähnliche Unterkünfte in deiner Nachbarschaft auf der Airbnb-Plattform ansehen, um einen ersten Eindruck zu erhalten.

Für eine erste grobe Schätzung kannst du einfach den Ort und die Art deiner Unterkunft in den offiziellen Airbnb-Verdienstrechner[3] eingeben. Damit erhälst du bereits einen ersten groben Schätzwert. Falls du die englische Sprache beherrscht, kannst du zusätzlich noch die Webseite eliot&me[4] nutzen, die ebenfalls einen detaillierten Airbnb-Verdienstrechner anbietet.

Im zweiten Schritt solltest du dir die Unterkünfte in deiner Nachbarschaft dann direkt auf der Airbnb-Webseite ansehen und den durchschnittlichen Übernachtungspreis notieren. Wenn du diesen mit der Anzahl der Nächte multiplizierst, an denen du vermieten möchtest, erhälst du eine erste Einschätzung zu deinem möglichen Zusatzeinkommen.

Tipp: Unter der Adresse www.superhostcampus.com/airbnb-verdienst/ findest du eine ausführliche, bebilderte Anleitung zu diesem Rechercheprozess.

Falls du Immobilieninvestor bist und deine Eigentumswohnung vollzeit über Airbnb vermieten möchtest,

3 https://www.airbnb.de/host/homes
4 https://www.eliotandme.com/estimator

kannst du in Regionen mit hoher Nachfrage meiner Erfahrung nach das zwei- bis dreifache im Vergleich zu einer regulären Vermietung erreichen. Beachte allerdings, dass das Betreiben eines »*Mini-Hotels*« mit zusätzlicher Arbeit und Aufwand verbunden ist und du – wie bei jedem anderen Geschäftsmodell auch – vor allem am Anfang viel Zeit und Energie investieren musst.

Das Inserieren deiner Wohnung auf Airbnb ist übrigens kostenlos. Airbnb finanziert sich, in dem sie pro Buchung eine Kommission einbehalten. Mehr Informationen dazu findest du im Kapitel »*Übernachtungspreis*« in Schritt 3.

SCHRITT 2

Die optimale Vorbereitung

BEVOR DU DICH JETZT an deinen Laptop setzt und die Airbnb-Website aufrufst, schnapp dir erst einmal ein weißes Blatt Papier und fange an dein Vorhaben zu planen. Du findest in den folgenden Kapiteln alle notwendigen Grundlagen und Fragen, die du dir stellen solltest, bevor du deinen ersten Gast begrüßt. Diese Vorarbeit nimmt zwar etwas Zeit in Anspruch, zahlt sich langfristig allerdings definitiv aus, da du wesentlich besser vorbereitet in dein Vermietungs-Abenteuer starten kannst.

Falls du Airbnb noch nie selbst als Gast genutzt hast, lege ich jedem angehenden Airbnb-Gastgeber an's Herz, zunächst die Rollen zu tauschen und sich selbst als Gast in eine Airbnb-Unterkunft einzumieten. Das kann eine Unterkunft in deiner Nähe sein oder vielleicht tauscht du bei deiner nächsten Geschäftsreise das Hotel gegen eine Airbnb-Unterkunft. Du solltest zunächst verstehen, wie der gesamte Prozess auf Seiten des Gastes funktioniert und mit welchen Fragen und Herausforderungen sich die Gäste beschäftigen. Auch ich bin immer wieder erstaunt, wie häufig zum Beispiel neue Funktionen für Gäste in der Airbnb-App ausgerollt werden. Würde ich Airbnb ausschließlich als Gastgeber nutzen, wäre ich mit den meisten Funktionen nie in Berührung gekommen.

Vorschriften & Genehmigungen

Bevor du mit der Airbnb-Vermietung startest, solltest du dich über die lokalen Gesetze und Verordnungen deiner Stadt informieren. Da in diesem Thema sehr viel Bewegung herrscht und gleichzeitig sehr viel Lobbyarbeit betrieben wird, gibt es hierfür leider keine eindeutige Empfehlung, die für jeden Airbnb-Gastgeber ausgesprochen werden kann. Da bei der Missachtung dieser Vorschriften vor allem in Großstädten empfindliche Strafen drohen, solltest du dieses Kapitel nicht überspringen, sondern dich intensiv mit diesem Thema auseinandersetzen.

Achtung: Ich kann und darf dir in diesem Kapitel keine verbindliche Rechtsauskunft geben. Die Informationen in diesem Kapitel stammen aus eigener Recherche und einer Vielzahl von Gesprächen mit anderen Airbnb-Gastgebern und lokalen Ämtern. Daher informiere dich im Vorfeld bei der zuständigen Behörde über die lokalen Vorschriften oder stelle deine Fragen in unserer Community auf www.superhostcampus.com.

Die Komplexität des Themas kannst du etwas reduzieren, indem du vorab folgende Fragen klärst:

- Bist du Eigentümer oder Mieter?
- Möchtest du die gesamte Wohnung vermieten oder nur einen Teil davon?
- Möchtest du permanent oder nur ab und zu vermieten?
- Wohnst du in der Wohnung oder steht sie leer?
- Handelt es sich dabei um sozialen Wohnbau?

Als Mieter benötigst du für die mehrmalige kurzfristige Vermietung an Dritte eine ausdrückliche Genehmigung deines Vermieters. Dazu solltest du zunächst deinen Mietvertrag studieren und prüfen, ob und wie dort das Thema Untervermietung geregelt ist. Auch wenn es dazu einen Passus in deinem Vertrag gibt, solltest du vorab Kontakt mit deinem Vermieter aufnehmen, da auch eine dort festgehaltene allgemeine Erlaubnis zur Untervermietung die Airbnb-Vermietung möglicherweise nicht einschließt. So hat zumindest der Bundesgerichtshof in Deutschland entschieden (BGH, Urteil vom 08.01.2014, Az. VIII ZR 210/13). An einem (gut vorbereitetem) Gespräch mit deinem Vermieter oder der Hausverwaltung führt also kein Weg vorbei.

Als Eigentümer hingegen kannst du grundsätzlich mit deiner Wohnung machen was du möchtest. Richtig? Theoretisch ja, aber auch hier gibt es ein paar Punkte, die du beachten solltest. Besitzt du ein gesamtes Haus oder eine Eigentumswohnung in einem Mehrparteienhaus, solltest du in der Teilungserklärung prüfen, zu welchem Zweck deine Wohnung genutzt werden darf. Wenn du die Wohnung permanent über Airbnb vermieten möchtest, kann es nämlich notwendig werden eine Umwidmung vorzunehmen. Vermietest du hingegen nur ab und zu ein freies Zimmer, wird dies häufig nicht notwendig sein. Trotzdem solltest du dein Vorhaben mit der Eigentümergemeinschaft besprechen, um zukünftige Konflikte zu vermeiden.

Wenn du diese Voraussetzungen überprüft hast, gilt es noch zu klären, ob es in deiner Region lokale Vorschriften und Gesetze zum Thema Kurzzeitvermietung gibt. Hierfür entscheidend ist meist die Tatsache, ob du nur einen Teil der Wohnung (z.B. ein Zimmer) über Airbnb vermietest und auch selbst in der Wohnung lebst, oder ob du die Wohnung vollzeit ausschließlich über Airbnb vermietest. Diese Vorschriften unterscheiden sich teilweise sogar von Stadtbezirk zu Stadtbezirk, daher ist die beste Lösung sich in der zuständigen Stadtverwaltung oder dem lokalen Bezirksamt über die aktuelle Rechtsprechung zu informieren.

Vermieten ohne Genehmigungen

Vielleicht fragst du dich jetzt: Dieses ganze Thema mit den Genehmigungen und Verordnungen klingt sehr kompliziert. Brauche ich die überhaupt? Kann ich nicht einfach loslegen, schließlich wird mich schon niemand erwischen?

Natürlich kannst du deine Wohnung auch einfach bei Airbnb online stellen und alle geltenden Vorschriften und Genehmigungen ignorieren. Wenn du dies in einer Großstadt wie Berlin, Hamburg, Köln oder München machst und erwischt wirst, droht dir allerdings ein Bußgeld von bis zu 150.000 €. Wenn du deine Mietwohnung ohne Erlaubnis des Vermieters auf Airbnb anbietest, kann dich dieser (nach einer ausgesprochenen Abmahnung) fristlos kündigen. Und du solltest dir ebenfalls überlegen, was passiert, wenn die Gäste Schäden in deiner Wohnung verursachen. Wird deine Versicherung, bzw. die Airbnb-Gastgeber-Garantie den Schaden übernehmen, wenn sie erfahren, dass diese von unerlaubten Feriengästen verursacht wurden?

Weitere Links und Quellen zu diesem Thema findest du auf der offiziellen Airbnb-Webseite[5].

Marktrecherche

Bevor du mit dem Abenteuer Airbnb startest, solltest du zunächst recherchieren, wie hoch die Nachfrage nach Übernachtungsmöglichkeiten in deiner Region ist. Das klingt, als bräuchte man dafür ein BWL-Studium. Tatsächlich ist es aber sehr einfach und du musst dafür noch nicht einmal deinen Schreibtisch verlassen. Wenn du in einer Großstadt wie München, Berlin oder Wien lebst, erübrigt sich diese Frage, da hier tagtäglich Horden von Touristen und Geschäftsreisende in die Stadt einfallen. Aber wie sieht es aus, wenn du in einem Vorort oder in einer eher ländlichen Region wohnst?

Es wäre ja schade, wenn du mehrere Tage investierst, um deine Wohnung und dein Inserat für deine Gäste picobello vorzubereiten und am Ende dann tage- oder sogar wochenlang auf deine erste Buchung warten musst, weil nur hin und wieder jemand auf Durchreise vorbeikommt.

Daher solltest du in einem ersten Schritt zunächst die Angebote auf Airbnb prüfen. Dazu rufst du die Airbnb-

---

5 https://www.airbnb.de/help/responsible-hosting

Webseite auf und gibst deinen Ort in das Suchfeld ein. Die Reisedaten solltest du zunächst leer lassen, damit du alle verfügbaren Unterkünfte angezeigt bekommst. In den Suchergebnissen wählst du jetzt mindestens zehn Inserate in deiner Nähe aus, die du dir im Detail ansiehst. Dazu liest du dir am besten sowohl das gesamte Inserat als auch alle Bewertungen komplett durch.

Airbnb-Angebote in dem Ort Buxtehude

Dieser Schritt bringt zwei wesentliche Vorteile mit sich:

1. Mit dem Blick auf die Karte siehst du, wer in deiner Nähe ebenfalls über Airbnb vermietet. Eventuell sind das sogar Bekannte von dir und du kannst dich mit ihnen austauschen? Gleichzeitig kannst du beim Durchlesen der Inserate herausfinden, welche Vorteile die Gastgeber besonders betonen und ob sie zusätzliche Dienstleistungen (wie z.B. Fahrradverleih, Abholservice etc.) anbieten.
2. Mithilfe der Bewertungen kannst du herausfinden, wie häufig die Wohnungen im Schnitt vermietet werden und was den Gästen besonders

gut gefallen hat. Gleichzeitig erfährst du auch von Punkten, die von den Gästen bemängelt wurden (und die du bei deiner Vermietung besser machen kannst).

Falls es in deiner Nachbarschaft noch kein einziges Airbnb-Inserat gibt, kannst du noch prüfen, ob es in deiner Nähe Hotels oder klassische Ferienwohnungen gibt. Dazu gibst du deinen Ort einfach auf bekannten Hotelseiten, wie z.B. www.booking.com oder www.hrs.de ein. Um herauszufinden, ob es in deiner Nähe Ferienwohnungen gibt, kannst du einfach bei Google nach »*Ferienwohnung (dein Ort)*« suchen. Gib bei Google also zum Beispiel einfach »*Ferienwohnung Buxtehude*« ein und du kannst dich durch das Angebot klicken.

Wenn in deiner Region bereits Hotels, Ferienwohnungen und Airbnbs angeboten werden, ist dies ein gutes Zeichen, dass hier Menschen regelmäßig nach einem temporären Dach über dem Kopf suchen. Wenn in deiner Nachbarschaft weit und breit nichts derartiges angeboten wird, wirst du nach dem Start deiner Airbnb-Vermietung entweder von Anfragen überhäuft werden, oder es wird gähnende Leere herrschen. Welche dieser Fälle eintritt, wirst du allerdings nur herausfinden, wenn du es auch ausprobierst und deine Wohnung bei Airbnb einstellst.

Ebenfalls sehr hilfreich sind von Städten und Gemeinden veröffentlichte Übernachtungsstatistiken. Diese lassen sich meistens sehr einfach im Internet finden und dort kannst du herausfinden, wie viele Übernachtungen es pro Monat gibt und ob diese saisonalen Schwankungen unterliegen. Wohnst du zum Beispiel in einem Skigebiet, wird die Nachfrage im Winter wesentlich höher als im Sommer sein. Wohnst du hingegen an einem schönen See oder direkt am Meer, wird die Nachfrage in den Sommermonaten wesentlich höher sein.

Zielgruppe definieren

Als nächstes widmen wir uns deiner Zielgruppe. Vielleicht fragst du dich jetzt: Was ist denn eine Zielgruppe? Wieso sollte ich mir das im Vorfeld überlegen? Kann ich nicht einfach mein Wohnungsinserat erstellen und aktivieren? Natürlich könntest du das, aber es ist sehr sinnvoll, dass du dir bereits im Vorfeld Gedanken machst, an welche Personen du deinen freien Wohnraum vermieten möchtest. Denn nur so kannst du sowohl deine Wohnung als auch dein Inserat exakt auf deinen Wunschgast ausrichten und einen angemessenen Übernachtungspreis festlegen. Und zusätzlich wird der Aufwand pro Vermietung für dich geringer, da du die Wünsche und Bedürfnisse deiner Gäste bereits im Vorfeld kennst.

Schauen wir uns zunächst an, welche Personengruppen Airbnb hauptsächlich als Übernachtungsmöglichkeit nutzen:

Pärchen

Junge oder junggebliebene Pärchen auf Durchreise, zu Besuch oder in den Flitterwochen.

Familien

Eltern mit ihren Kindern, die entweder auf Familienbesuch sind oder mit ihren Kindern Urlaub genießen.

Gruppen

Personengruppen, die gemeinsam etwas unternehmen wollen. In Städten mit aktivem Nachtleben gerne auch Partytouristen.

Geschäftsreisende

Meist Konferenzteilnehmer, Außendienstmitarbeiter oder von unterwegs aus arbeitende Selbstständige.

Alleinreisende

Single-Reisende zu Besuch oder im Urlaub

An welche dieser Gäste würdest du gerne vermieten? Suche dir ein bis zwei Gruppen aus und stelle dir folgende Fragen:

- Wie viele Gäste möchte ich gleichzeitig beherbergen?
- Mit welchen Personen fühle ich mich am sichersten?
- Kann ich die Bedürfnisse der Gäste erfüllen?
- Was sind 3 Sachen, die meine Gäste unbedingt benötigen?
- Was ist der Zweck ihrer Reise?

Möchtest du Familien empfangen, macht es häufig Sinn die Unterkunft kinderfreundlich auszustatten. Neben einem Kinderbett solltest du dann optimalerweise auch einen Hochstuhl und Kinderspielzeug anbieten. Möchtest du hingegen hauptsächlich an Geschäftsreisende vermieten, gibt es hierzu von Airbnb einige Voraussetzungen, wie z.B. ein eigenständiger Check-in, stabiles WLAN und ein Tisch zum Arbeiten.

Tipp: Wenn du zwei nebeneinander liegende Zimmer oder Wohnungen über Airbnb vermieten möchtest, kannst du diese natürlich separat für z.B. 2-3 Gäste pro Zimmer inserieren. Zusätzlich dazu kannst du aber auch ein drittes Inserat mit beiden Zimmern für bis zu 6 Gäste erstellen und dir somit eine neue Zielgruppe erschließen. Dabei musst du allerdings besonders darauf achten, dass dein Kalender immer aktuell gehalten wird.

In diesem Zuge ebenfalls wichtig zu erwähnen ist das Thema Diskriminierung. Airbnb hat vor einiger Zeit eine sehr strikte Antidiskriminierungs-Richtlinie veröffentlicht, die es Gastgebern untersagt, Gäste auf Grund ihrer Herkunft, Hautfarbe oder Religion abzuweisen. Daher solltest du Gäste jeglicher Herkunft mit Gastfreundschaft und Offenheit begegnen.

Gratulation, du hast nun einen wichtigen Schritt abgeschlossen, den die meisten Airbnb-Gastgeber überspringen. Wenn du deine idealen Gäste bereits im Vorfeld kennst, kannst du sowohl die Anzahl deiner Buchungen als auch deine Einkünfte maximieren. In den folgenden Kapiteln kannst du diese Informationen verwenden, um deine Wohnung optimal einzurichten und ein Inserat zu erstellen, dass deine Gäste unwiderstehlich finden werden.

Wohnungsausstattung

Als nächstes widmen wir uns deinem Wohnraum, den du vermieten möchtest. Zunächst solltest du dir den Zustand der Wohnung ansehen und dir überlegen, ob dieser für eine Vermietung ausreicht oder ob du zunächst den Farbpinsel schwingen möchtest. Investiere nicht in teure Bordüren und Verzierungen sondern nutze simple, dezente Farben, die sich leicht ausbessern lassen. Je mehr Gäste du empfängst, desto häufiger wirst du mit der Zeit auch die ein oder andere Stelle ausbessern müssen.

Um die passende Grundausstattung zu finden, achtest du bei deiner nächsten Reise am besten auf dein Reisegepäck. Was hast du alles eingepackt? Was lässt du zu Hause, da du davon ausgehst, dass dies in der Unterkunft angeboten wird? Hierfür kannst du dir ebenfalls den Bereich »*Ausstattung*« auf Airbnb ansehen. Dieser Bereich ist auf jedem Airbnb-Inserat vorhanden und dort findest du zahlreiche Einrichtungsgegenstände, nach denen deine Gäste ihre passende Unterkunft filtern können. Alles, was du dort angibst, sollte von deinen Gästen auch benutzt werden dürfen. Wenn du eine Waschmaschine besitzt, die der Gast allerdings nicht verwenden darf, dann solltest du diese auch nicht im Inserat angeben.

Eine weitere sehr gute Inspirationsquelle hierfür sind Hotels. Allerdings solltest du deine Wohnung nicht aalglatt und steril wie ein Hotelzimmer einrichten, sondern sie nach deinen eigenen Vorstellungen ausstatten und dekorieren, damit sie ihren eigenen Charme versprüht und sich deine Gäste wie zu Hause fühlen. Die absolut notwendigsten Dinge, wie frische Handtücher, Bettwäsche und Hygieneartikel solltest du immer kostenlos und in ausreichender Menge anbieten. Oder möchtest du ein WC in einer fremden Stadt benutzen, bei dem du zunächst erst einmal Klopapier kaufen musst?

Ausstattung

~~Kostenloser Parkplatz auf dem Grundstück~~	~~Trockner~~
~~Haustiere erlaubt~~	~~Türöffner / Gegensprechanlage~~
Aufzug	~~Kabelfernsehen~~
~~Pool~~	Arbeitsplatz für Laptops geeignet
~~Fitnessstudio~~	Bügeleisen
~~Familien- / kinderfreundlich~~	Föhn

Angabe der Wohnungsausstattung auf einem Airbnb-Inserat

Jeder Euro, den du für die Ausstattung ausgibst, muss natürlich auch erst einmal verdient werden. Es spricht daher nichts dagegen, erst einmal das Nötigste gebraucht zu kaufen und bei steigenden Gästezahlen deine Airbnb-Einnahmen in eine höherwertige Ausstattung zu investieren. Gebrauchte Gegenstände findest du vor allem auf Flohmärkten, Garagenverkäufen und auf Onlineportalen, wie z.B. eBay Kleinanzeigen oder Shpock. Achte dabei vor allem darauf, dass deine Möbel komfortabel und leicht zu reinigen sind.

Unabhängig davon, ob du ein Privatzimmer oder eine gesamte Unterkunft vermietest, gibt es ein paar Punkte, auf die du achten solltest:

- Entferne persönliche Gegenstände, Dokumente und Fotos aus dem Bereich, der ausschließlich dem Gast zur Verfügung steht. Dein Gast soll sich wie zu Hause fühlen und nicht wie in einem fremden Zuhause.
- Gelegenheit macht Diebe: Lasse keinen Schmuck, Bargeld, Kreditkarten oder Passwörter offen in der Wohnung liegen. Dieser »*Verlust*« wird nämlich nicht durch die Airbnb-Gastgeber-Garantie abgedeckt.
- Bei fast allen in diesem Kapitel aufgeführten Dingen gilt: Sie sind zwar kein absolutes Muss, aber wenn du diese in der Wohnung anbietest, werden sich deine Gäste mit hoher Wahrscheinlichkeit mit positiven Nachrichten und Bewertungen bei dir bedanken.

Tipp: Wenn du auf der Suche nach den passenden Produkten für deine Wohnungseinrichtung bist, findest du unter www.superhostcampus.com/wohnungsausstattung Produktempfehlungen, die ich selber bereits seit Jahren nutze und die du bequem online bestellen kannst.

Eingangsbereich

Der erste Eindruck deiner Wohnung bildet sich im Eingangsbereich. Achte darauf, dass dieser aufgeräumt und sauber ist und verstaue (falls möglich) deine persönlichen Klamotten und Schuhe. In jedem Eingangsbereich sollte es eine kleine Garderobe und ein Schuhregal geben, auf dem deine Gäste ihr Sachen ablegen können.

Ein Punkt auf den du ganz besonders achten solltest ist dein Türschloss. Ist dieses einfach auf- und abzuschließen oder hat dieses ein paar Macken, auf die du deine Gäste hinweisen musst? Vielleicht möchtest du das Türschloss zukünftig auch gegen eine elektronische Version tauschen, damit deine Gäste keinen Schlüssel mehr benötigen, sondern die Tür mit dem Smartphone öffnen können. Die Anbieter Danalock, Nuki und Yale haben hierfür bereits Produkte im Angebot. Weitere Möglichkeiten, wie du die Schlüsselübergabe mit deinen Gästen koordinieren kannst, findest du im Kapitel »Check-in & Schlüsselübergabe« in Schritt 4.

Zusätzlich freuen sich Gäste meist noch über Folgendes:

- Großer Standspiegel
- Regenschirmständer
- Schuhlöffel
- Regenschirm
- Fußmatte (mit witzigem Spruch)

Badezimmer

Neben allen im Badezimmer angebotenen Gegenständen solltest du besonders auf die Sauberkeit achten. Ein leicht verschmutzter Eingangsbereich lässt sich vielleicht noch verkraften, aber ein dreckiges Bad ist für die meisten Gäste ein absolutes No-Go. Daher arbeiten auch viele Hotels im Badezimmer mit Hygienesiegel als Nachweis für die erfolgte Reinigung. Zusätzlich dazu kannst du noch Folgendes anbieten:

- Fön (Airbnb-Inserate mit Fön können meiner Erfahrung nach 5-10€ mehr pro Nacht verlangen)
- Kosmetiktücher
- Shampoo (Duschgelspender oder kleine Probepackungen aus der Drogerie)
- Einwegrasierer & Rasierschaum
- Zahnpasta
- Kosmetikeimer
- Hand- und Duschtücher
- Strandhandtücher und Flip Flops, falls es in der Nähe eine beliebte Bademöglichkeit gibt
- Desinfektionsmittel
- Raumspray/Lufterfrischer
- Handseife
- Damen-Hygieneartikel
- Saugglocke
- Toilettenpapier (am besten die 4-lagige Premium-Version)

Falls du in einer Region vermietest, in der man kein Toilettenpapier in die Toilette werfen darf, solltest du immer einen kleinen Mülleimer im Bad platzieren. Ein Windeleimer eignet sich hierfür übrigens auch hervorragend. Falls du deinen Gästen ein Lächeln auf die Lippen zaubern möchtest, dann suche im Internet nach »*Toiletten Origami*« und du wirst ein paar kreative Faltmöglichkeiten für Toilettenpapier finden.

Küche

Sollten deine Gäste keinen Zugang zur Küche haben, oder vermietest du lediglich ein Zimmer in deinem Haus und genehmigst deinen Gästen die Mitbenutzung der

Küche nicht, musst du vermutlich wenig Arbeit in die Vorbereitung investieren. Achte darauf, dass alle Geräte gut funktionieren und einfach zu bedienen sind. Bei High-End-Geräten hast du häufig das Problem, dass man bei der Nutzung erst einmal eine Bedienungsanleitung studieren muss. Wer hat schon Lust in seinem Urlaub eine 50-seitige Anleitung zu lesen, nur um sich nach einem anstrengenden Shopping-Marathon eine Tiefkühlpizza im Ofen zuzubereiten?

Wenn deine Gäste die Küche mitbenutzen dürfen, findest du hier ein paar Sachen, die du anbieten solltest:

- Flaschen- und Weinöffner
- Besteck/Geschirr, Teller, Gläser, Tassen (am besten mindestens 2 Sets pro Gast) und in simpler Ausführung. Ikea und Amazon haben hierzu gute Angebote
- Töpfe & Pfannen
- Scharfe Messer & Schneidbrett
- Kleines Küchenradio
- Minibar/Kühlschrank: Falls du nur ein Privatzimmer vermietest und nicht möchtest, dass deine Gäste deine Küche mitbenutzen, gibt es Minikühlschränke, die sich hervorragend eignen. Diese kannst du ebenfalls mit ein paar Artikeln, z.B. Wasser (mit und ohne Sprudel) und Bier (Pils, Weizen, Alkoholfrei) bestücken. Kaufe nichts mit kurzem Verfallsdatum und stelle einfach ein kleines Sparschwein als Kaffeekasse daneben.
- Mikrowelle & Toaster
- Wasserkocher (am besten kabellos)

- Öl, Gewürze, Salz, Pfeffer, Ketchup
- Kaffeemaschine - eine Maschine mit Kapseln hat den Vorteil, dass sie leichter zu reinigen ist und du verschiedene Kaffeesorten anbieten kannst
- Teebox mit verschiedenen Teesorten
- Eiswürfelformen

Von Fritteusen, Brotbackmaschinen und Smoothie-Mixern würde ich dir in einer Airbnb-Wohnung abraten, da diese meist schwierig zu bedienen sind und die Reinigung der Geräte sehr aufwendig ist. Außerdem: Sind solche Geräte bei einem Kurztrip wirklich notwendig? Auf das Anbieten von schnell verderblichen Lebensmitteln, wie z.B. Obst, würde ich auf Grund einer schon erlebten Fruchtfliegenplage ebenfalls verzichten.

Tipp: Erfahrungsgemäß benötigt die Küche, vor allem wenn deine Gäste ausgiebig gekocht haben, am meisten Reinigungszeit. Ich habe daher eine Übersichtskarte mit leckeren und günstigen Restaurants in der Nähe erstellt und diese gut sichtbar am Kühlschrank angeklebt. So kannst du deine Gäste dezent darauf hinweisen, dass Essen gehen während ihres Urlaubes doch viel angenehmer ist.

Schlafzimmer & Wohnbereich

Neben einem blitzblanken Badezimmer ist ein erholsamer Schlaf für die meisten Gäste das Zweitwichtigste. Und was benötigen die meisten Gäste dafür? Richtig, Dunkelheit und Ruhe. Daher solltest du störende Geräusche und Straßenlärm soweit wie möglich unterbinden. Bei der Ausstattung kannst du Folgendes anbieten:

- Kleiderhaken/Kleiderbügel
- Blickdichte Vorhänge oder Jalousien zur Zimmerabdunklung
- Stabiles Bett mit bequemer Matratze. Falls du eine Schlafcouch anbietest, gibt es für kleines Geld sehr bequeme Matratzenauflagen. Zusätzlich solltest du einen Matratzenschoner oder einen Matratzenbezug mit Milbenschutz verwenden.
- USB-Steckdosen zum Aufladen von technischem Equipment
- Mülleimer
- Bügeleisen & Bügeltisch
- Bücher
- Kleine Bluetooth-Musikanlage oder -Boxen
- Leselampen
- Alarm-Uhr/Wecker
- Bettwäsche und Handtücher. Beides solltest du auf Vorrat haben, damit du bei Buchungen am gleichen Tag die Wohnung schnell wieder vorbereiten kannst
- Ventilator oder Klimaanlage für Regionen, in denen es sehr heiß wird
- Heizlüfter und Wolldecken, falls es sehr kalt wird
- Moskitonetz, falls du in einer Region mit vielen Fliegen lebst

Internet und WLAN

Hast du schon einmal von der maslowschen Bedürfnispyramide gehört? Diese beschreibt die unterschiedlichen Ebenen der menschlichen Bedürfnisse und Motivationen und bringt diese in Relation zueinander. Auch wenn sich die Menschen in den letzten Jahrhunderten weiterentwickelt haben, so gibt es Grundbedürfnisse, die jeder von uns hat. Und wie ein paar witzige Kollegen aus dem Internet festgestellt haben, ist ein Internetzugang inzwischen die Basis aller Grundbedürfnisse geworden.

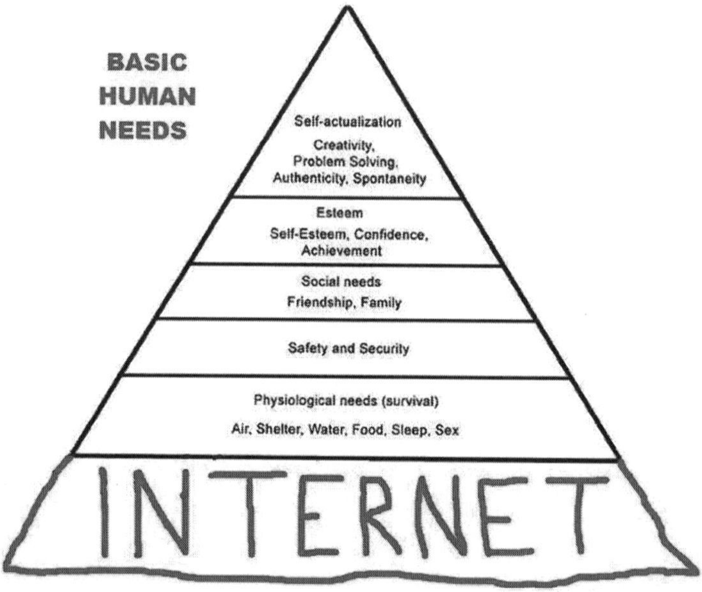

Internet ist inzwischen zum Grundbedürfnis geworden

Vor allem wenn du in einer Stadt an internationale, junge Touristen vermietest, wird kostenloses, stabiles WLAN inzwischen genauso wichtig wie fließendes Wasser angesehen und ist für die meisten Gäste unverzichtbar. Du solltest dir daher einen verlässlichen Internetanbieter suchen und das WLAN sollte überall gut verfügbar sein, wo sich deine Gäste auch aufhalten können. Wenn deine Verbindung in manchen Zimmern nicht optimal ist, kannst du unter www.wlansignalverstaerken.de nachlesen, wie du das Problem in den Griff bekommst.

Als Betreiber des WLAN solltest du deine Gäste darauf hinweisen, dass rechtswidrige Tätigkeiten, wie z.B. das illegale Downloaden von Filmen oder Musik, strengstens verboten ist. Diese sogenannte Störerhaftung wurde in Deutschland zwar weitgehend abgeschafft, allerdings kann es vereinzelnd immer noch zu Problemen kommen. Wenn du auf Nummer sicher gehen willst, gibt es mit den Anbietern Sorglosinternet und Socialwave bereits Hersteller, die sich diesem Problem gewidmet haben.

Sicherheit

Neben der hilfreichen Ausstattung sollte deine Unterkunft ebenfalls gewisse Sicherheitsstandards erfüllen, um deinen Gästen eine sichere Übernachtung zu ermöglichen. Zwar bietet Airbnb eine Gastgeber-Garantie an, die (je nach Land) Schäden bis zu 800.000 € ersetzt, allerdings sollten deine Gäste im Notfall die Möglichkeit haben, schnell und unkompliziert zu handeln. Um dies zu ermöglichen, kannst du folgende Dinge in deiner Wohnung gut sichtbar platzieren:

- Feuerlöscher
- Rauch- und Kohlenmonoxidmelder
- Notfallkarte mit den lokalen Telefonnummern von Polizei, Feuerwehr und Notarzt
- Taschenlampe (bei Stromausfall)
- Erste-Hilfe-Koffer mit Pflaster und Co.

Tipp: Airbnb bietet in ausgewählten Regionen Rauch- und Kohlenmonoxidmelder an. Unter www.airbnb.de/home-safety kannst du prüfen, ob du Anspruch darauf hast und diesen mit wenigen Klicks kostenlos bestellen.

Falls du deine Unterkünfte zusätzlich überwachen möchtest, gibt es noch die Möglichkeit, eine Überwachungskamera zu installieren. Wenn du die Kamera innerhalb deiner Wohnung installierst, montiere sie so, dass diese nur Bereiche der Wohnung aufnimmt, die unkritisch sind, also z.B. die Eingangstür oder den Gang. Auf gar keinen Fall solltest du sie in Schlaf-, Wohnbereich oder im Badezimmer installieren. Wenn du sie außerhalb der Wohnung anbringst, musst du dich gegebenenfalls mit anderen Mietparteien bzw. der Hausverwaltung absprechen. In beiden Fällen ist es zwingend notwendig, dass du die Überwachungskamera in deinem Airbnb-Inserat erwähnst und die Gäste darauf hinweist, welche Bereiche diese überwacht[6].

Zusätzliche Extras, um deine Gäste zu beeindrucken

Mit der oben genannten Ausstattung sollte sich jeder Gast in deiner Wohnung wohl fühlen. Du kannst aber noch einen Schritt weiter gehen und deinen Gästen zusätzliche hilfreiche Dinge anbieten, mit denen sie nicht gerechnet haben. Überrasche deine Gäste auf diese Art und sie werden dir mit einer 5-Sterne-Bewertung danken.

- Europäischer Steckdosenadapter
- Kofferwaage
- USB-Ladekabel für gängige Handy-Modelle
- TV mit kostenlosem Video-Streaming via Netflix oder Amazon Prime
- Spielekonsole

---

6 https://www.airbnb.de/help/article/887/what-are-airbnb-s-rules-about-electronic-surveillance-devices-in-listings

- iPod-Dockingstation
- Fusselroller
- Touristen-Broschüren & Stadtpläne (falls es Bezirke gibt, die man als Tourist meiden sollte, dann markiere diese)
- Speisekarten von Restaurants in der Nähe
- Lokale SIM-Karten
- Süßigkeiten
- Monatskarte für den öffentlichen Nahverkehr
- Netzpläne für U-Bahn und S-Bahn

Nachdem du die Wohnung fertig ausgestattet hast, kann es Sinn machen, einige Objekte auf einer Inventarliste zu notieren. Somit kannst du nach jedem Gast kontrollieren, ob noch alles verfügbar und funktional ist, oder ob es irgendwelche Probleme gibt. Natürlich musst du hier nicht jede Gabel und jedes Wasserglas notieren, aber einen Überblick über die wichtigsten Dinge in deiner Wohnung, wie z.B. TV, Ventilator, Toaster etc. zu haben kann vor allem in Notsituationen, wie z.B. einem Brand oder Wasserschaden, sowohl für dich als auch für die Versicherung sehr hilfreich sein.

Dein Airbnb-Profil

Nachdem du alle Vorbereitungen in der Wohnung abgeschlossen hast, ist es nun Zeit ein Airbnb-Profil zu erstellen. Airbnb ist eine Online-Community, die auf Vertrauen basiert. Da es in der Regel nicht möglich ist, dich im Vorfeld persönlich mit deinem Gast auszutauschen, spielt dein Airbnb-Profil eine zentrale Rolle.

Deine Profilseite ist also dein Aushängeschild mit dem du bereits vor der Buchung Vertrauen schaffen und dich bestmöglich präsentieren kannst. Das ist ein bisschen wie bei einem Bewerbungsgespräch – der erste Eindruck ist der Wichtigste. Jetzt kannst du dir also endlich deinen Laptop schnappen und die Airbnb-Webseite aufrufen.

Tipp: Hast du noch kein Airbnb-Profil erstellt? Dann registriere dich am besten unter folgendem Link und du erhältst nach deiner ersten Vermietung bis zu 85 € Reiseguthaben: http://bit.ly/airbnb-anmeldung

Die Registrierung kannst du mit einem Facebook- oder Google-Account oder mit einer gültigen E-Mail-Adresse in wenigen Minuten sowohl auf einem Laptop als auch am Smartphone erledigen.

Bevor wir die wichtigen Elemente eines überzeugenden Airbnb-Profils im Detail besprechen, schaue dir zunächst bitte folgendes Profil an:

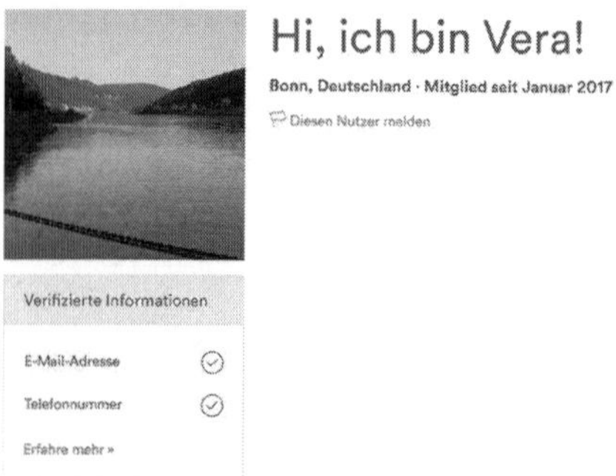

Airbnb-Profil #1

Wie aussagekräftig ist dieses deiner Meinung nach gestaltet? Kannst du dir mit Hilfe des Profils einen Eindruck über die Person verschaffen? Würdest du mit dieser Person ohne Nachfrage deine geliebte Wohnung teilen?

Diese Fragen sind schwer zu beantworten, da man außer dem Vornamen, Wohnort und Registrierungsdatums keine weiteren Informationen über die Person erfährt. Im Vergleich dazu findest du hier mein Airbnb-Profil:

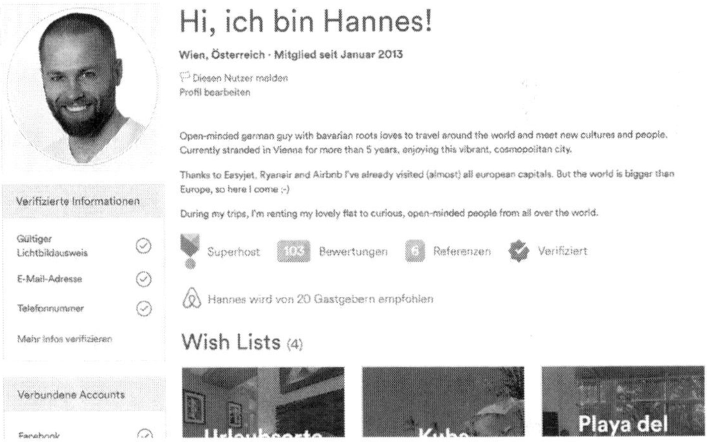

Airbnb-Profil #2

Worin unterscheiden sich nun beide Profile und was macht daher ein aussagekräftiges Profil aus? Meiner Meinung nach ist der größte Unterschied zwischen diesen Profilen die Transparenz. Denn je mehr Informationen ein Mensch von sich Preis gibt, desto vertrauenswürdiger erscheint er. Daher solltest du dich als Person ehrlich darstellen und auf folgende Punkte besonders achten:

Profilfoto

Verwende ein aktuelles Foto bei dem dein Gesicht gut erkennbar ist und du freundlich lächelst. Vertrauen beginnt mit Transparenz und wenn dich deine Gäste beim

Check-in sofort erkennen, ist das schon einmal ein erster Bonuspunkt für dich. Auf ein halbnacktes, im dreckigen Unterhemd geschossenes Foto, solltest du daher ebenso verzichten wie auf ein Selfie, das du nach der zweiten Flasche Rotwein mit deinem Handy geschossen hast.

Zusätzlich kannst du auch noch mehrere Bilder, ein kurzes Video, ein Selfie (nicht das Party-Selfie!) oder ein selbst erstelltes Airbnb-Symbol hinterlegen, damit du dich und deine Person aus verschiedenen Perspektiven präsentierst. Wenn dir jemand beim Gastgeben hilft, macht sich ein Pärchen-Foto meistens auch ganz gut.

Profilbeschreibung

Investiere etwas Zeit, um eine ehrliche Beschreibung über dich zu verfassen. Wenn du nicht weißt mit was du anfangen sollst, frage einfach ein paar Freunde und Bekannte aus deinem Umfeld, wie sie dich in zwei bis drei Sätzen beschreiben würden und was sie besonders an dir schätzen. Daraus verfasst du dann in fünf bis zehn Sätzen eine einfach zu lesende Beschreibung mit allen relevanten Informationen. Je mehr Informationen du von dir preisgibst, desto vertrauenswürdiger wird dich dein zukünftiger Gast bereits vor der Buchung wahrnehmen.

Der Großteil deiner Gäste wird deine Profilbeschreibung durchlesen, daher kannst du schon vorab Sympathiepunkte sammeln, indem du etwas Persönliches von dir preis gibst und dich selbst nicht allzu ernst nimmst. Vielleicht bist du ja leidenschaftlicher Marathonläufer oder Vorstand im lokalen Kleintierzuchtverein? Oder bist du eine stolze Mutter von vier wundervollen Kindern? Dann erwähne dies in deiner Beschreibung und deine Gäste werden sich postwendend mit einer Buchung bei dir bedanken.

Erzähle ruhig etwas über deine Interessen, aber halte dich mit sensiblen Informationen zurück, denn bedenke, dass jeder diese Informationen lesen kann. Wenn du also geschieden bist oder gerade keinen Job hast, so ist das Airbnb-Profil möglicherweise nicht unbedingt der beste Platz für diese Informationen.

Bewertungen & Referenzen

Bewertungen sind einer der wichtigsten Indikatoren auf Airbnb mit denen Vertrauen und Transparenz gemessen werden. Achte also immer darauf, dass du so viele positive Bewertungen wie möglich erhältst. Dein Ziel sollte es sein, mindestens 80% 5-Sterne-Bewertungen zu erhalten. Damit beweist du deinen zukünftigen Gästen, dass du ein vertrauensvoller Gastgeber bist und qualifizierst dich gleichzeitig für das sogenannte Superhost-Abzeichen. Wie das Bewertungssystem bei Airbnb konkret funktioniert und auf was du beim Schreiben von Bewertungen achten solltest, wird im Kapitel »Bewertungen« in Schritt 4 erklärt.

Referenzen hingegen werden nicht von deinen Gästen, sondern von deinen Freunden und Bekannten verfasst. Diese solltest du daher vor allem zu Beginn einholen, wenn du noch keine Gästebewertungen erhalten hast.

Verifizierungen

Um dein Profil abzurunden, solltest du noch diesen letzten Bereich ausfüllen. Dies ist meist sehr schnell erledigt, wird aber von vielen Gastgebern vernachlässigt. Meiner

Erfahrung nach sind vor allem die folgenden Informationen wichtig:

- Lade einen gültigen Lichtbildausweis bei Airbnb hoch (Führerschein oder Personalausweis/Reisepass)
- Verbinde deinen Airbnb-Account mit deinen Social-Media-Accounts von Facebook und LinkedIn
- Veröffentliche deinen Beruf, bzw. die Branche in der du tätig bist
- Hinterlege die Sprachen, in denen du (einigermaßen flüssige) Konversationen führen kannst

Übrigens haben auch die Airbnb-Gründer eigene Airbnb-Profile mit der Nummer 1, 2 und 3. Unter folgenden URLs kannst du sie dir ansehen

- https://www.airbnb.de/users/show/1 (Nathan)
- https://www.airbnb.de/users/show/2 (Joe)
- https://www.airbnb.de/users/show/3 (Brian)

SCHRITT 3

Dein überzeugendes Airbnb-Inserat

NACHDEM DU DEIN PERSÖNLICHES Profil angelegt hast, widmen wir uns in diesem Kapitel nun deinem Airbnb-Inserat.

Wie du es vermutlich auch von großen Hotel-Plattformen, wie z.B. booking.com oder HRS kennst, kann auch bei Airbnb jeder Gast aus einer Vielzahl von Unterkünften auswählen. Da es in der Regel nicht möglich ist, die Unterkünfte im Vorfeld persönlich zu begutachten (da diese oft hunderte von Kilometer entfernt sind), muss dein Online-Inserat alle Fragen deines Gastes bereits im Vorfeld bestmöglich beantworten.

Dein Inserat hat also nur eine einzige Aufgabe: Es muss deine Unterkunft im besten Licht darstellen, indem es positive Emotionen bei deinem Gast erzeugt. Dein Airbnb-Inserat ist das digitale Verkaufsschild deiner Unterkunft und sollte aus der Masse herausstechen, indem es die Reiselust bei deinem Gast weckt.

Du kannst dein Inserat übrigens jederzeit bearbeiten. Bevor du dich jetzt zwei Wochen lang mit deinem Laptop im Keller versteckst, um das (vermeintlich) perfekte Inserat zu erstellen, solltest du besser das gesamte Inserat innerhalb eines Nachmittags erstellen und direkt aktivieren. Mit jedem Gast, den du zukünftig begrüßt, wirst du mehr Erfahrung sammeln und merken, ob noch Informationen fehlen und welche Stellen zu ungenau beschrieben sind.

Drei allgemeine Punkte gilt es bei der Erstellung des Inserats zu beachten:

1. Sei ehrlich und authentisch. Wenn du deine Unterkunft in den Himmel lobst und alle negativen Punkte unerwähnt lässt, werden sich deine Gäste mit negativen Bewertungen bei dir bedanken.
2. Schreibe deine Texte in einem Programm mit integrierter Rechtschreibprüfung, z.B. Microsoft Word. Zusätzlich kannst du das Inserat auch noch Freunden und Bekannten zeigen. Denn vier Augen sehen bekanntlich mehr als zwei.
3. Es spielt keine Rolle, ob dir dein Airbnb-Inserat gefällt oder nicht. Der Köder muss schließlich nicht dem Angler, sondern dem Fisch schmecken. Formuliere das Inserat so, dass sich dein zukünftiger Gast beim ersten Blick denkt: »*Bingo! Das ist genau das, wonach ich gesucht habe!*«.

Lass uns also beginnen.

Alleinstellungsmerkmale

Auf Airbnb werden weltweit über vier Millionen Übernachtungsmöglichkeiten angeboten. Und täglich steigt diese Zahl. Bevor du dich nun dran machst und hektisch alle Felder in deinem Inserat ausfüllst, solltest du zunächst eine wichtige Frage beantworten: Wie kann ich mich von der Masse abheben?

Im Internet ist jeder potentielle Gast nur einen Klick von deinen Mitbewerbern entfernt. Du solltest also etwas Zeit investieren, um dir zu überlegen, was dich von den Angeboten in deiner Nachbarschaft unterscheidet und weshalb die Gäste bei dir statt bei deinem Nachbarn übernachten sollten.

Eine der besten Möglichkeiten dafür ist die klare Positionierung im Airbnb-Marktplatz. In Schritt 2 hast du dir bereits Gedanken gemacht, welche Gäste du in deiner Wohnung begrüßen möchtest. Jetzt musst du diese mit Hilfe deines Inserates noch davon überzeugen, dass deine Unterkunft die für sie beste Wahl darstellt, indem du die Einzigartigkeit und Vorteile deiner Unterkunft betonst. Diese sollten klar, prägnant und leicht zu verstehen sein.

Dazu besuchst du am besten die Airbnb-Webseite und schaust dir mindestens zehn Airbnb-Inserate in deiner Nähe an, die mit deinem vergleichbar sind (Art der Unterkunft, Anzahl Gäste etc.). Was kannst du anbieten, das dich von diesen Inseraten abhebt? Fallen dir Punkte bei deinen Mitbewerbern auf, die dich als Gast von einer Buchung abhalten würden?

Falls dir auch nach der Analyse deiner Mitbewerber keine passenden Vorteile einfallen, findest du hier einige Fragen, die dir als Inspirationen dienen können:

- Gibt es in der Wohnung Luxus-Einrichtung, wie z.B. ein Whirlpool oder eine Sauna?
- Falls es in deiner Region im Sommer sehr heiß ist: Bietest du eine Klimaanlage an?
- Ist die Unterkunft für Kinder geeignet?
- Gibt es eine hübsche Terrasse, auf der man den romantischen Sonnenuntergang betrachten kann?
- Dürfen deine Gäste ihre Haustiere mitbringen?
- Ist die Unterkunft barrierefrei/rollstuhlgeeignet?
- Bietest du stabiles Hochgeschwindigkeits-Internet an (> 50Mbit/s)?
- Befinden sich in der Nähe Sehenswürdigkeiten?
- Gibt es direkt vor der Tür eine U-Bahn-Station?
- Bietest du einen Flughafen-Abholservice an?

Aufgabe: Welche 3 Highlights möchtest du in deinem Airbnb-Inserat besonders hervorheben?

1. ______________________________
2. ______________________________
3. ______________________________

Titel

Nachdem du die Zielgruppe definiert und deine Alleinstellungsmerkmale notiert hast, kannst du dieses Wissen nun dazu verwenden, um einen überzeugenden Titel für dein Airbnb-Inserat zu formulieren. Neben den Fotos und den Bewertungen ist ein gut geschriebener Titel eines der zentralen Elemente, mit dem du deine zukünftigen Gäste dazu bringen kannst auf dein Inserat zu klicken.

Der Titel ist ein bisschen wie eine Betreffzeile einer E-Mail. Innerhalb von einem Bruchteil einer Sekunde hast du die Chance, die Aufmerksamkeit deines Gastes auf dich zu ziehen. Er sollte daher aussagekräftig sein und sich deutlich von deinen Mitbewerbern abheben, indem er die Vorteile deiner Unterkunft betont und im Optimalfall ebenfalls Emotionen und Gefühle bei deinen Gästen hervorruft.

Angezeigt wird der Titel sowohl auf deiner Inseratsseite als auch in der Übersichtsseite, auf der alle verfügbaren Unterkünfte nebeneinander in einer Kacheldarstellung aufgelistet sind:

Inserat-Titel auf der Übersichtsseite

Dir stehen dabei bis zu 50 Zeichen zur Verfügung, die du auch bestmöglich ausnutzen solltest. Beachte allerdings, dass bei der Verwendung von Tablets und Smartphones manchmal ein paar Zeichen am Ende des Titels gekürzt werden. Wichtige Informationen solltest du daher besser am Anfang des Titels platzieren.

Aber schauen wir uns einmal ein paar konkrete Beispiele an. Wie aussagekräftig sind für dich folgende Titel?

- Für 4 Gäste
- 2-Zimmer-Wohnung mit Bett
- Apartment in Köln
- Fremdenzimmer

Fühlst du dich gut informiert? Oder emotional berührt? Auch ohne die Fotos und Bewertungen der dazugehörigen Airbnb-Inserate zu sehen, sprechen die Titel vermutlich die wenigsten Gäste an. Es wurden nämlich weder Vorteile noch emotionale Wörter verwendet. Zum Vergleich schauen wir uns jetzt ein paar Titel an, die meiner Meinung nach besser gelungen sind:

- Dachgeschoss mit Blick auf den Hafen
- Penthouse 5min bis zur Messe
- Gemütliche 2-Zi-Wohnung mit Balkon
- Sonnendurchflutetes Zimmer in Luxusapartment
- Zentral & Ruhig im Stadtzentrum
- Traumhaft ruhige Wohnung mit topmoderner Küche
- Direkt neben den angesagtesten Clubs
- Romantisches Nest, perfekt für Pärchen

- Traumaufenthalt mit Wasserbett und Kamin
- Stylish, zentral & kostenloser Parkplatz
- Romantische Honeymoon-Suite mit Wellness
- Erholungsoase für Familien

Bei diesen Titeln wird auf den ersten Blick klar für wen sich die Unterkunft eignet und durch den Einsatz von Signalwörter, wie »*romantisch*« oder »*sonnendurchflutet*«, wird das Inserat zusätzlich aufgewertet. Falls du keine Lust hast, den verstaubten Duden aus dem Bücherregal zu holen, findest du hier eine kleine Übersicht mit Signalwörter, die du für deinen kreativen Airbnb-Titel verwenden kannst.

gemütlich	**hell**	**romantisch**	**zentral**
atemberaubend	**lichtdurchflutet**	**charmant**	**privat**
geräumig	**ruhig**	**still**	**sicher**
schön	**pulsierend**	**wunderbar**	**mittendrin**

Wenn deine Unterkunft in der Nähe von Sehenswürdigkeiten liegt oder in naher Zukunft ein großes Event, wie z.B. ein Marathon oder ein Konzert, stattfindet, sollten diese Informationen ebenfalls im Titel auftauchen.

Hingegen solltest du auf folgende Informationen im Titel verzichten, da diese an anderer Stelle hinterlegt werden:

- Name der Stadt, bzw. des Ortes
- Anzahl der Schlafzimmer
- Anzahl erlaubter Gäste

Ebenfalls aufpassen solltest du bei gewissen Begriffen und Ziffernfolgen in deinem Inserat, da Airbnb diese automatisch zensiert. Du solltest unbedingt darauf verzichten Telefonnummern, E-Mail-Adressen oder Firmennamen in deinem Titel oder in der Beschreibung zu verwenden. Wenn du Wörter wie »Google«, »MSN« oder »AOL« verwendest, kann es passieren, dass der Titel deines Inserats auf Grund der automatischen Zensur folgendermaßen aussieht:

Automatische Zensur durch Airbnb

Bei dem Einschub (SENSITIVE CONTENTS HIDDEN) ist der Wortteil »MSN« durch die automatische Zensur von Airbnb ersetzt worden.

Tipp: Um noch mehr Aufmerksamkeit auf dein Inserat zu ziehen, kannst du ebenfalls Sonderzeichen wie z.B. ♥ in deinem Titel verwenden. Allerdings zeigt Airbnb nicht alle Sonderzeichen auf der Übersichtsseite an, daher musst du dies nach jedem Speichern überprüfen. Übertreibe es bitte nicht mit den Sonderzeichen, verwende maximal drei Stück pro Titel. Lautet dein Titel z.B. »*Knisternde Romantik im Stadtzentrum*« kannst du testen, ob sich der Titel »♥ *Knisternde*

Romantik im Stadtzentrum ♥« positiv auf deine Aufrufe auswirkt.

Fotos

Airbnb hat sich inzwischen zu einem milliardenschweren Konzern mit Millionen von Übernachtungen entwickelt. Das war allerdings nicht immer so. Besonders in der Anfangszeit hatten die Gründer Schwierigkeiten, ausreichend Gäste und Gastgeber für die Plattform zu finden. Also haben sie ihre Gäste befragt, was sie von einer Buchung auf Airbnb abhält und dabei festgestellt, dass viele Inserate dunkle, unscharfe Fotos verwenden, die alles andere als einladend wirken. Daraufhin haben sich die Gründer teure Kameras ausgeliehen und sind zu den Gastgebern nach New York geflogen, um professionelle Fotos von den Wohnungen zu schießen. Diese Erkenntnis hat zu rasant steigenden Buchungszahlen und zu einem enormen Wachstumsschub für Airbnb geführt.

Wie du siehst, sind die Fotos deiner Unterkunft – neben dem Preis und den Bewertungen – einer der Erfolgsfaktoren für dein Airbnb-Inserat. Professionell geschossene Fotos sind eine einfache Möglichkeit, dein Inserat aufzuwerten und deine Unterkunft in den Suchergebnissen auffallen zu lassen. Deine Fotos sollten einladend wirken und deinen Gästen auf einen Blick die Vorteile deiner Unterkunft vermitteln. Schaue dir dazu am besten Fotos von Airbnb-Inseraten in deiner Nachbarschaft an und achte darauf, auf welchen Fotos dein Blick hängen bleibt und welche du eher langweilig findest.

Die Reihenfolge der Fotos kannst du beliebig festlegen. Ein besonderes Augenmerk solltest du auf das erste

Foto legen. Dieses Titelbild wird nämlich auf der Suchergebnisseite angezeigt und ist daher das mit Abstand wichtigste Foto deines Inserats. Verwende am Besten ein einladendes Bild eines Raumes, in dem der Gast die meiste Zeit verbringen wird. Die meisten Gäste sind den ganzen Tag auf Erkundungstour und kommen häufig nur zum Schlafen in die Wohnung. Daher verwende ich gerne ein attraktives Bild des Schlafzimmers als Titelbild. Du kannst auch Freunden und Bekannten eine Auswahl deiner Bilder zeigen und sie fragen, welches sie am ansprechendsten finden.

Denke bei dem Erstellen der Fotos auch immer an deine Zielgruppe. Wenn du am liebsten Familien mit kleinen Kindern beherbergen möchtest, dann fotografiere auch Spielzeug oder einen Spielplatz in der Nähe. Wenn du Outdoor-Gäste begrüßen möchtest, dann stelle Fotos von schönen Aussichtsplattformen, Wanderwegen oder Klettersteige in dein Inserat. Und schieße Fotos in den verschiedenen Jahreszeiten.

Beim Aufnehmen der Fotos solltest du ebenfalls auf folgende Punkte achten:

- Mache sauber und räume auf. Entferne herumliegenden, unnützen Kleinkram und platziere ein paar hübsche Dekorationsartikel, wie Blumen oder Tafelservice, in der Wohnung.
- Fotografiere im Querformat. Falls sich Elemente ausschließlich im Hochformat abbilden lassen, kannst du zwei dieser Bilder als Collage zusammenfügen.

- Verwende eine hohe Auflösung. Die Fotos sollten mindestens 1024 x 683 Pixel groß sein.
- Die beste Zeit zum Fotografieren ist morgens oder nachmittags an sonnigen Tagen, wenn ausreichend Tageslicht vorhanden ist.
- Vermeide den Kamerablitz, schalte alle Lampen an und fotografiere am besten ausschließlich mit Tageslicht.
- Fotografiere deine Alleinstellungsmerkmale, wie z.B. einen Whirlpool oder eine atemberaubende Aussicht.
- Schieße mindestens 30-40 Fotos und wähle dann die besten 10-15 aus.
- Nutze ein Weitwinkelobjektiv, damit die Räume größer wirken.
- Schieße Fotos von deiner Nachbarschaft und des Hauseingangs, damit deine Gäste die Unterkunft einfacher finden.
- Nutze ein Stativ. Falls deine Wohnung etwas dunkler ist, kannst du somit die Belichtungszeit erhöhen.

Du kannst deine Fotos zu Beginn natürlich mit deinem Handy schießen. Aber hast du schon einmal eine Hotelseite entdeckt, die Handyfotos verwendet? Daher würde ich dir raten, die Handybilder so schnell wie möglich gegen professionelle Bilder auszutauschen. Vielleicht hast du ja im Freundes- oder Bekanntenkreis einen Fotografen, der dir dabei behilflich sein kann? Alternativ kannst du auch Online-Plattformen, wie z.B. eBay Kleinanzeigen oder regionale Kleinanzeigenbörsen nutzen, um ein kostenloses Inserat zu platzieren. Erfahrungsgemäß lohnt sich die Investition in gutes Bildmaterial immer.

Tipp: In manchen Städten bietet Airbnb ebenfalls einen Fotografenservice an. Dieser war in den Anfangsjahren kostenlos, wird inzwischen allerdings nur noch als kostenpflichtiger Dienst angeboten. Auf der folgenden Seite erfährst du mehr Details dazu und kannst dir einen Kostenvoranschlag einholen: www.airbnb.de/photography

Verzichten solltest du hingegen auf Bilder, die etwas suggerieren, dass es später vielleicht gar nicht gibt. Ein romantisches Lagerfeuer, wilde Partys oder einen schönen Strand solltest du daher nur dann als Fotos verwenden, wenn deine Gäste diese Erfahrung auch tatsächlich machen können. Unterlege die Bilder auch nicht mit einem kreativen Filter wie »*Schwarz/Weiß*« oder »*Sepia*«. Das sieht zwar unheimlich gemütlich aus, macht es den Gästen aber unnötig schwer, sich ein reales Bild der Unterkunft zu bilden.

Beschreibung

Nachdem du dir einen kreativen Titel überlegt und überzeugende Fotos von deiner Unterkunft geschossen und hinzugefügt hast, widmen wir uns im nächsten Schritt der Beschreibung. Die Beschreibung ist der Text auf deinem Airbnb-Inserat, mit dem du alle Details deiner Unterkunft ausführlich beschreiben kannst.

Die Beschreibung ist in zwei Bereiche aufgeteilt. Zum einen in eine Zusammenfassung, die du mit maximal 500 Zeichen befüllen musst. Zum anderen in mehrere optionale Bereiche, in denen du zusätzliche Informationen zur

Umgebung, dem Zugang zur Unterkunft und deiner Interaktion mit den Gästen hinterlegen kannst. Eine exzellente Beschreibung beantwortet alle Fragen deiner Gäste und nimmt ihnen alle Bedenken, die sie möglicherweise von einer Buchung abhalten.

In der Regel schauen sich deine Gäste mehrere Unterkünfte parallel an und vergleichen diese untereinander. Da die Aufmerksamkeitsspanne heutzutage immer kürzer wird, sollten die wichtigsten Informationen einfach zu verstehen und kompakt zusammengefasst werden. Meiner Erfahrung nach lesen (leider) nur die wenigsten Gäste die gesamte Beschreibung. Daher fokussiere dich auf die Zusammenfassung und fasse die restlichen Informationen knackig zusammen. Mache Absätze, schreibe einfach, klar, verständlich und in kurzen Sätzen. Deine Gäste wollen keinen Roman lesen, sondern kurz und bündig die für sie wesentlichen Informationen erhalten.

Tipp: Anstatt die Kurzbeschreibung mit Fließtext zu befüllen, notiere die wichtigsten Vorteile deiner Unterkunft in Stichpunkten. Diese können deine Gäste wesentlich schneller überfliegen und sofort entscheiden, ob die Unterkunft ihren Vorstellungen entspricht.

Du solltest ebenfalls die negativen Punkte deiner Unterkunft erwähnen. Vielleicht muss man ja zahlreiche steile Stufen nehmen, um zur Wohnung zu kommen? Oder befindet sich direkt unter der Wohnung ein Restaurant oder ein Café, bei dem es nachts auch mal etwas lauter werden könnte? Solche Punkte solltest du am besten direkt in der Zusammenfassung erwähnen, damit deine Gäste bereits im Vorfeld wissen, was auf sie zukommt. Wenn du darauf verzichtest, werden sich deine Gäste früher oder später mit negativen Bewertungen bei dir bedanken.

Falls du dir nicht sicher bist, welche Informationen deine Beschreibung enthalten sollte, kannst du dir natürlich (wieder einmal) verschiedene Airbnb-Inserate aus der Nachbarschaft ansehen. Da Gäste häufig dieselben Fragen stellen, sind erfahrene Gastgeber in der Regel eine gute Inspirationsquelle. Alternativ habe ich für dich häufig gestellte Fragen gesammelt, auf die deine Gäste liebend gerne Antworten in der Beschreibung finden möchten:

- Gibt es Sehenswürdigkeiten in der Nähe, die fußläufig erreichbar sind?
- Gibt es Erholungsgebiete, wie z.B. einen Park oder einen See, in der Nähe?
- Gibt es Supermärkte und/oder empfehlenswerte Restaurants in der Nähe?
- Ist die Unterkunft schnell und bequem vom Flughafen/Bahnhof aus erreichbar?
- Wie gut ist die Wohnung an den öffentlichen Nahverkehr (Bus, U-Bahn, S-Bahn) angebunden?
- Ist es nachts ruhig?
- Wie sicher ist die Umgebung? Kann man auch nachts problemlos als Frau spazieren gehen?
- Warum sollte ich diese Unterkunft buchen?

Die Beschreibung in mehrere Sprachen übersetzen

Falls du mehrere Fremdsprachen fließend sprichst, kannst du deine Beschreibung ebenfalls in mehreren Sprachen hinterlegen. Zwar bietet Airbnb auch eine automatisierte Übersetzung der Beschreibung auf jedem

Inserat an, allerdings lässt diese Übersetzung meiner Erfahrung nach häufig zu Wünschen übrig und verwirrt viele Gäste. Da Airbnb eine sehr internationale Plattform ist, solltest du neben deutsch im Optimalfall auch mindestens eine englische Übersetzung anbieten, denn das zählt zu den meistgesprochenen Sprachen der Welt.

Automatische Übersetzung von Airbnb

Sobald ein Gast bemerkt, dass dein Inserat in seiner Landessprache angeboten wird, wird er dich in der Regel auch in dieser kontaktieren. Du solltest also nur Sprachen anbieten, die du auch selbst sprichst. Hüte dich also davor, dein Inserat mit Hilfe des Google Translators in 20 Sprachen zu übersetzen. Sonst wirst du überrascht sein, sobald dich der erste Gast in Kisuaheli kontaktiert.

Wenn deine Beschreibung in mehreren Sprachen hinterlegt ist, bringt dies zwei wesentliche Vorteile mit sich:

1. Je nachdem welche Sprache dein Gast in seinem Internet-Browser oder Handy eingestellt hat, zeigt ihm Airbnb automatisch die richtige Übersetzung an.

2. Deine Gäste wissen, dass es keine Sprachbarriere mit dir als Gastgeber geben wird und werden dich vermutlich auch in ihrer Muttersprache kontaktieren. In der Regel erwähnen sie dies auch in ihrer Bewertung und ziehen somit automatisch neue Gäste an.

Übernachtungspreis

Die richtigen Übernachtungspreise zu finden ist eines der schwierigsten Themen bei der Airbnb-Vermietung. Wirft man einen Blick auf die Hotelbranche, haben große Hotelketten hierfür in der Regel Vollzeit-Mitarbeiter (und inzwischen immer mehr Computer-Algorithmen), die sich ausschließlich diesem Thema widmen. Obwohl dieser Punkt unter anderem darüber entscheidet, ob sich die Airbnb-Vermietung für dich lohnt oder nicht, lassen meiner Erfahrung nach die meisten Gastgeber hier sehr viel Geld auf dem Tisch liegen, weil sie die notwendige Recherche vernachlässigen. Obwohl die richtige Preissetzung eine hohe Kunst ist, kann man sich diesem Thema mit der richtigen Strategie nähern.

Grundsätzlich gibt es zwei Möglichkeiten, wie du deine Übernachtungspreise festlegen kannst. Entweder du hinterlegst händisch zu jedem verfügbaren Tag einen von dir festgelegten Preis oder du lässt dich bei diesem Thema von Dritten unterstützen und konzentrierst dich voll und ganz auf das Gastgeben.

Wenn du die erste Möglichkeit nutzen möchtest, weil du über jeden zusätzlich verdienten Euro froh bist, dann wähle einfach den kürzesten Weg: Besuche die Webseite Immobilienscout24 oder Immonet und filtere nach

Mietwohnungen, die sich in deinem Bezirk befinden und deiner sehr ähnlich sind. Jetzt notierst du dir den durchschnittlichen Mietpreis (inklusive Nebenkosten) dieser Unterkünfte und teilst ihn durch 30. Dadurch erhälst du den Tages-Mietpreis. Diesen multiplizierst du nun mit einem Faktor zwischen 1.5 - 2 und setzt ihn als Basispreis für dein Inserat. Zur Sicherheit solltest du dir auch noch Airbnb-Inserate und Hotels in deiner Nachbarschaft ansehen und überprüfen, ob dein festgelegter Preis mit diesen ungefähr übereinstimmt.

Diese Möglichkeit ist einfach und schnell umzusetzen. Vielleicht fragst du dich jetzt, weshalb dieses Thema so komplex sein soll? Nun, natürlich kannst du einen fixen Übernachtungspreis festlegen und diesen für die nächsten Monate eintragen. Wenn du deine Einnahmen allerdings maximieren möchtest, solltest du bei der Preissetzung noch folgende Faktoren und deren Einfluss berücksichtigen:

- Mitbewerber
- Events & Feiertage
- Wochenenden
- Saisonalität
- Wetter
- etc.

Händisch kannst du diese Faktoren nur mit sehr viel Aufwand prüfen und in den Übernachtungspreis einfließen lassen. Daher kannst du als zweite Möglichkeit externe Dienstleister nutzen, die die Preissetzung gegen eine geringe Provision pro Buchung vollständig für dich übernehmen, indem sie unter anderem die oben genannten Faktoren täglich prüfen und gewichtet in deinen Übernachtungspreis einfließen lassen. Airbnb bietet mit der Dynamischen Preisgestaltung inzwischen ebenfalls so einen automatisierten Dienst an, der sich im Kalender aktivieren lässt. Meiner Erfahrung nach werden die Übernachtungspreise dadurch allerdings viel zu niedrig angesetzt. Das freut natürlich deine Gäste, da sie deine Unterkunft zu einem Schnäppchenpreis buchen können. Für dich als Gastgeber bedeutet das allerdings fehlende Einnahmen.

Zusätzliche Gebühren

Neben dem Übernachtungspreis kannst du bei jeder Buchung folgende Zusatzgebühren veranschlagen:

1. Reinigungsgebühr
2. Kaution
3. Gebühr für zusätzliche Gäste
4. Wochenendpreis

Als Reinigungsgebühr empfiehlt sich die konkrete Gebühr, die deine Reinigungskraft oder Haushaltshilfe pro Buchung erhält. Wenn du dich selbst um die Reinigung kümmerst, würde ich 10-15 € pro Stunde veranschlagen. Achte immer auf ein gesundes Verhältnis und verlange nur die tatsächlichen Kosten. In der Regel benötigt man keine drei Stunden, um eine 30m² Wohnung zu reinigen. Daher solltest du den Buchungspreis nicht künstlich über diese Gebühr nach oben schrauben. Natürlich empfiehlt sich auch hier ein Blick auf die Inserate in deiner Nachbarschaft, um deren Reinigungsgebühr zu überprüfen.

Sollten kleinere Schäden auftauchen, lassen sich diese meist recht unkompliziert über die Kaution regeln. Für größere Schäden gibt es noch die Airbnb-Gastgeber-Garantie, bei der (ausgesuchte) Schäden bis zu 800.000€ erstattet werden. Leider ist nicht jedem Gast klar, dass eine Kaution weder vor noch während der Buchung bezahlt werden muss, sondern nur dann, wenn du als Gastgeber innerhalb von 14 Tagen nach dem Check-out einen Anspruch geltend machen möchtest. In meinen Augen hat die Kaution noch einen zusätzlichen Vorteil: Nämlich die richtigen Gäste anzuziehen. Nette Gäste, die deine Wohnung gut behandeln, haben in der Regel kein Problem mit einer Kaution. Daher solltest du immer eine Kaution hinterlegen, von der du kleinere Schäden schnell bezahlen kannst. Aber nutze diese nur, wenn ein nennenswerter Schaden entstanden ist. Eine kaputte Glühbirne oder ein zerbrochenes Glas würde ich unter Kulanz, bzw. normale Abnutzungserscheinung verbuchen.

Gebühren für zusätzliche Gäste und Wochenendpreise eignen sich vor allem wenn du mittlere oder größere Gruppen beherbergen möchtest. Somit passt sich der Preis dynamisch der Anzahl der Personen und dem Wochentag an. Sofern du in einem touristischen Gebiet vermietest, wird die Nachfrage am Wochenende wesentlich höher sein als unter der Woche. Bietest du deine Unterkunft hingegen hauptsächlich Messebesuchern und Geschäftsreisenden an, sind die Wochentage vermutlich stärker nachgefragt. Diese Gebühr macht daher durchaus Sinn und ist absolut gerechtfertigt.

Bei diesen Zusatzgebühren solltest du dich auf jeden Fall davor hüten, schnelles Geld machen zu wollen. Diese »*Abzockermentalität*«, die für manche Menschen als falsch verstandener Unternehmergeist gewertet wird, ist ein Boomerang und kommt früher oder später zu dir zurück. Denke lieber langfristig, als an das schnelle Geld, dann wirst du auch kontinuierlich zufriedene Gäste und damit stetig steigende Einnahmen erzielen.

Kalender

Sobald du mit Airbnb startest, wird die Kalenderseite erfahrungsgemäß zum Dreh- und Angelpunkt in deinem Vermieteralltag. Du findest dort eine Übersicht über deine zukünftigen Gäste und noch nicht gebuchte, verfügbare Tage. Der Kalender bietet sehr flexible Einstellungsmöglichkeiten und du wirst vor allem zu Beginn etwas Zeit benötigen, um alle verfügbaren Optionen ausfindig zu machen. Die einfachste Möglichkeit ist das Blockieren von ausgesuchten Tagen, da das mit einem Klick erledigt ist. So kannst du flexibel einstellen, falls du zu bestimmten Tagen nicht vermieten möchtest, um die Wohnung oder das Zimmer selbst zu nutzen. Pro Inserat werden dir unter anderem die folgenden Einstellungsmöglichkeiten angeboten:

- Mindest- und Maximal-Aufenthaltsdauer
- Verfügbarkeit pro Tag (verfügbar oder geblockt)
- Check-in- und Check-out an festgelegten Wochentagen
- Preis pro Nacht
- Zeitfenster für Buchungen (z.B. maximal 6 Monate im Voraus)
- Vorbereitungszeit (z.B. 1 Nacht)

Tipp: Airbnb belohnt es, wenn du deinen Kalender regelmäßig aktualisierst. Daher empfiehlt es sich, den Kalender als Startseite in deinem Internet-Browser einzustellen und dort regelmäßig Aktualisierungen vorzunehmen. Wenn sich ein Gast für deine Unterkunft interessiert und er sein gewünschtes Buchungsdatum auswählt, wird ihm zusätzlich unterhalb des Kalenders ein kleiner Hinweis angezeigt, wann der Gastgeber den Kalender zuletzt aktualisiert hat. Im Optimalfall steht in deinem Inserat dort immer »*Heute aktualisiert*« oder »*Vor 1 Tag aktualisiert*«.

Diese allgemein gesetzten Einstellungen lassen sich für bestimmte Zeitfenster noch einmal präziser festlegen. So kannst du zum Beispiel eine immer gültige Mindest-Aufenthaltsdauer von zwei Tagen festlegen, die du zu einem ausgesuchten Datum, wie z.B. Silvester, dann allerdings auf vier Nächte erhöhst, damit keine Lücken im Kalender entstehen. So kannst du flexibel steuern, wann du für wielange Gäste empfangen möchtest.

In ausgesuchten Städten zeigt Airbnb bereits Feiertage und große Events in dem Kalender an. Damit erhälst du einen guten Überblick wann vermutlich mit einer höheren Nachfrage zu rechnen ist und kannst deine Buchungsvoraussetzungen anpassen. Zusätzlich dazu kannst du zur besseren Organisation auch noch pro Tag eine private Notiz im Kalender hinterlegen. Diese wird nur dir und nicht deinen Gästen angezeigt. Ich verwende diese Möglichkeit zum Beispiel ganz gerne, um spezielle Anforderungen meiner Gäste zu notieren, damit ich sie bei der Vorbereitung auf den Check-in nicht vergesse.

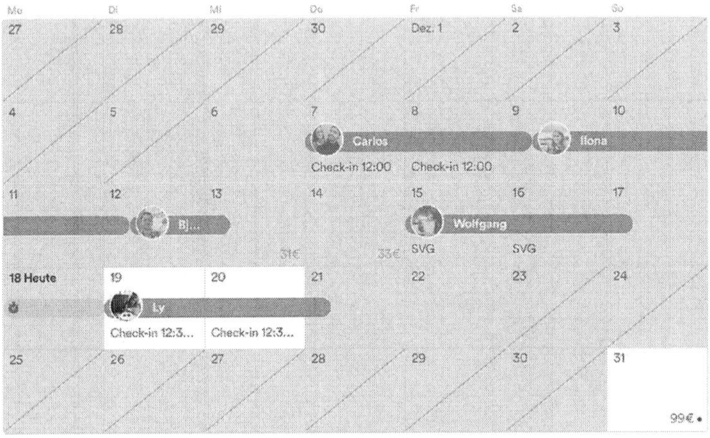

Airbnb-Kalender mit hinterlegten Notizen

Du solltest dir ebenfalls überlegen, ob du Buchungen für den selben Tag erlaubst und wie viel Vorlaufzeit du dafür benötigst. Wenn du Check-ins für den selben Tag gestattest, an dem dein vorheriger Gast abreist, solltest du mindestens 4 bis 5 Stunden Puffer einplanen. Es kann immer passieren, dass es zu einer Flugverspätung oder Stau kommt. Oder deine Gäste verfahren sich auf dem Weg zu deiner Unterkunft. Hinterlege als Check-out-Zeit z.B. 11:00 Uhr vormittags und als Check-in-Zeit 15:00 - 20:00 Uhr. Dann solltest du genügend Zeit haben die Wohnung wieder auf Vordermann zu bringen.

Den Kalender synchronisieren

Fortgeschrittene Airbnb-Gastgeber überlegen häufig, ihre Unterkunft auf mehreren Plattformen, wie z.B. VRBO, Homeaway oder booking.com, gleichzeitig anzubieten. Falls du dies ebenfalls planst, musst du das Problem der sogenannten Doppelbuchungen (deine Unterkunft wird an einem Tag von unterschiedlichen Gästen mehrfach gebucht) in den Griff kriegen. Dabei kann dir die Synchronisierungsfunktion eine große Hilfe sein. Damit lassen sich verschiedene Kalender (auch mehrere Airbnb-Kalender) miteinander synchronisieren und die Verfügbarkeit deiner Unterkunft bleibt automatisch auf allen Plattformen aktuell. Du kannst damit allerdings nur regeln, ob die Unterkunft an den ausgesuchten Tagen verfügbar ist oder nicht. Preiseinstellungen und Co. musst du weiterhin über den offiziellen Airbnb-Kalender regeln. Wenn du ausschließlich Airbnb nutzt (was ich dir für den Anfang empfehle), kannst du diese Einstellung vernachlässigen, denn die Verfügbarkeit deiner Unterkunft wird bei jeder neuen Buchung automatisch durch Airbnb aktualisiert.

Buchungseinstellung

Um dein Inserat fertigzustellen, gilt es als letzten Punkt noch die für dich passenden Buchungseinstellungen zu finden. In der Rubrik kannst du die Bedingungen festlegen, welche Gäste bei dir buchen können und an welche Hausregeln sie sich halten müssen. Airbnb nimmt hier für dich bereits bei der Inseraterstellung einige Standard-Einstellungen vor, die meiner Erfahrung nach nicht immer die beste Lösung für Gastgeber sind. Vor allem beim Thema Sofortbuchung solltest du als neuer Gastgeber höllisch aufpassen und diese Funktion erst aktivieren, sobald du die Funktion und die Auswirkungen dieser Option verstanden hast. Erfahrungsgemäß experimentiert Airbnb gerne mit dieser Funktion und aktiviert sie standardmäßig ohne Nachfrage bei neuen Inseraten.

Hausregeln

In der Rubrik Hausregeln kannst du festlegen, wie sich deine Gäste in deinem Zuhause zu verhalten haben. Es gibt hier bereits zahlreiche Einstellungsmöglichkeiten, wie z.B. »*Haustiere erlaubt*«, »*Rauchen erlaubt*« etc. die du nur noch anhaken musst. Grundsätzlich macht es keinen Sinn, jede Kleinigkeit in den Hausregeln aufzuführen, du solltest aber immer die Sicherheit und dein Eigentum im Hinterkopf haben. Falls du zusätzlich dazu noch weitere Regeln hinzufügen möchtest, können dir folgende Fragen helfen:

1. Welche Ruhezeiten sind einzuhalten?
2. Wo ist das Rauchen erlaubt?
3. Was ist absolut verboten (Drogen, Tiere füttern, Dach betreten etc.)?
4. Wie viel kostet ein Schlüsselverlust?
5. Müssen die Schuhe in der Wohnung ausgezogen werden?
6. Kann ich das Internet für illegale Downloads nutzen? (Antwort: Nein)

Alternativ kannst du auch folgende kreative Lösung verwenden, die an den gesunden Menschenverstand deiner Gäste appelliert: »*Wenn du etwas öffnest, dann schließe es auch wieder. Wenn du etwas ausleihst, lege es wieder zurück. Wenn du etwas einschaltest, schalte es auch wieder aus. Wenn du etwas benutzt, behandle es gewissenhaft. Wenn du Unordnung machst, räume auf. Wenn du etwas verschiebst, schiebe es wieder zurück.*«

Falls du dich dazu entscheidest, Gäste mit Haustieren zu akzeptieren, denke bitte auch an die folgenden zwei Punkte: Erstens dauert die Reinigung, aufgrund von Tierhaaren und Co. meist länger. Zweitens haben heutzutage bereits viele Gäste Hunde- oder Katzenhaar-Allergien. D.h. wenn du regelmäßig an Gäste mit Haustieren vermietest, kann es dazu führen, dass bei einem zukünftigen Gast ohne Haustiere der Aufenthalt beeinträchtigt wird, da bei der Ankunft seine Katzenhaar-Allergie anschlägt. Ähnlich verhält es sich mit dem Thema Rauchen in der Wohnung. Du musst dann damit rechnen, dass deine Unterkunft permanent nach Rauch riecht und du die Wahrscheinlichkeit für Brandlöcher in den Möbeln erhöhst. Das gefällt selbst den meisten Rauchern nicht.

Sofortbuchung

Wenn du diese Option aktivierst, müssen Gäste keine Buchungsanfrage senden, sondern sie können ihre Buchung direkt abschließen. Für die Gäste entsteht damit das gleiche positive Gefühl wie bei einer Hotelbuchung, da sie die Antwort des Gastgebers nicht abwarten müssen. Verständlicherweise ist diese Option sowohl für Airbnb als auch für die Gäste äußerst attraktiv. Daher versucht Airbnb durch verschiedene psychologische Tricks die Sofortbuchung den Gastgebern schmackhaft zu machen. Grundsätzlich kann dir diese Option aufwendige Kommunikationsaufwand ersparen. Bedenke aber, dass dein Kalender immer aktuell sein muss. Stornierungen hasst Airbnb nämlich wie die Pest. Wenn du bereits bestätigte Buchungen stornieren musst, können sogar Strafgebühren anfallen. Außerdem verzichtest du damit auf die Möglichkeit, deinen Gast im Vorfeld durch Nachrichtenaustausch etwas kennenzulernen.

Daher empfehle ich die Sofortbuchung am Anfang auszuschalten und erst zu aktivieren, nachdem du ein bis zwei Monate Erfahrung mit dem Vermieten gesammelt hast. Nach dem Aktivieren kannst du dann diverse Voraussetzungen festlegen, die dein Gast erfüllen muss, wenn er die Sofortbuchung nutzen möchte. Dazu zählt zum Beispiel das Hinterlegen eines Ausweises oder positive Bewertungen von anderen Gastgebern. Alle Gäste, die diese Voraussetzungen nicht erfüllen, können weiterhin bei dir buchen, müssen dir zuvor allerdings eine reguläre Buchungsanfrage schicken.

Stornierungsbedingung

Als letzten Punkt solltest du dir noch überlegen, bis zu welchem Zeitpunkt du deinen Gästen eine kostenfreie Stornierung ermöglichen möchtest. Den meisten Gastgebern stehen hierbei die folgenden drei Möglichkeiten zur Auswahl:

Flexibel: Volle Rückerstattung bis 1 Tag vor Check-in
Moderat: Volle Rückerstattung bis 5 Tage vor Check-in
Streng: 50% Rückerstattung bis 1 Woche vor Check-in

Bei Langzeitbuchungen über 28 Tagen gelten unter Umständen nochmal andere Bedingungen. Zusätzlich werden bei manchen Buchungen die eingestellten Stornierungsbedingungen automatisch an die lokalen Gesetze des Landes, aus dem der Gast anreist, angepasst. Airbnb spricht dabei von sogenannten *»modifizierten Stornierungsbedingungen«*, die zum Beispiel für alle Gäste aus

Südkorea zutreffen. Gute Erfahrungen habe ich mit der moderaten und der strengen Stornierungsbedingung gemacht. Bei Auswahl der flexiblen Stornierungsoption kann es durchaus vorkommen, dass Gäste kurzfristig absagen und man die frei gewordenen Nächte kurzfristig nicht mehr neu vermieten kann.

SCHRITT 4

Der perfekte Vermietungsprozess

NACHDEM DU IM LETZTEN Kapitel dein Airbnb-Inserat fertiggestellt hast, wechseln wir jetzt in die Offline-Welt und widmen uns dem Vermietungsprozess. Nach der Veröffentlichung deines Inserats ist es in der Regel wenige Minuten später in der Airbnb-Suche auffindbar und steht allen Gästen zur Buchung zur Verfügung. Der Kreislauf einer Airbnb-Buchung sieht also folgendermaßen aus:

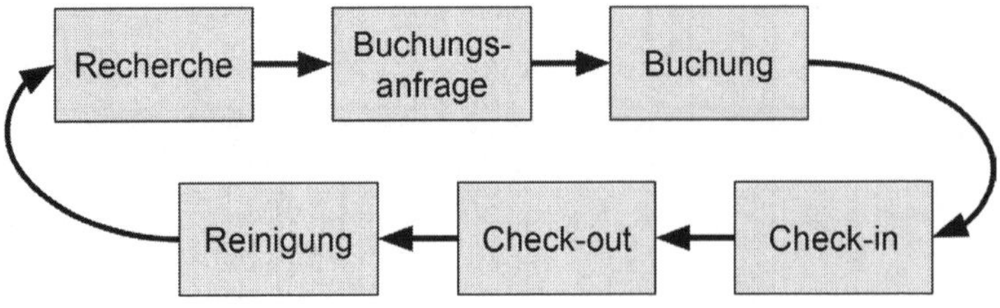

1. **Recherche:** Der Gast gibt seine gewünschten Reisedaten und Filterkriterien auf Airbnb ein und trifft eine Auswahl an passenden Unterkünften.
2. **Buchungsanfrage:** Der Gast schickt eine (oder mehrere) Buchungsanfrage(n) an ausgewählte Airbnb-Gastgeber.
3. **Buchung:** Es werden Nachrichten ausgetauscht und die Buchung wird abgeschlossen.
4. **Check-in:** Der Gast reist an und bezieht die Unterkunft.
5. **Check-out:** Der Gast verlässt die Unterkunft und reist ab.
6. **Reinigung:** Die Unterkunft wird für den nächsten Gast vorbereitet.

Die Buchung

Bevor du deinen ersten Gast begrüßen kannst, muss sich dieser zunächst für dein Inserat entscheiden und eine Buchungsanfrage versenden. Vor allem am Anfang empfehle ich dir, die sogenannte Sofortbuchung zu deaktivieren, da du somit mehr Kontrolle über deine ersten Gäste erhälst und gleichzeitig wertvolle Erfahrung in der Auswahl deiner zukünftigen Gäste sammeln kannst. Denn im Vergleich zu einem Hotel bist du immer noch in der Lage selbst zu entscheiden, wen du in deiner Wohnung willkommen heißen möchtest. Sobald sich ein Gast für deine Unterkunft entschieden hat, gibt es zwei Möglichkeiten, wie er dich kontaktieren kann:

1. **Buchungsanfrage:** Wenn dein zukünftiger Gast der Meinung ist, dass die Unterkunft 100% seinen

Ansprüchen entspricht, wird er dir meist eine verbindliche Buchungsanfrage schicken. Dazu muss er seine gewünschten Reisedaten angeben und seine Bezahlung im Vorfeld erledigen. Du als Gastgeber erhälst daraufhin eine Nachricht von Airbnb, in der du entscheiden kannst, ob du den Gast annehmen oder ablehnen möchtest. Für diese Entscheidung hast du in der Regel 24 Stunden Zeit. Wenn du innerhalb dieses Zeitraumes nicht aktiv wirst, verfällt die Buchungsanfrage automatisch und der Gast muss dir eine neue Anfrage senden. Sofern du dir bei dem Gast unsicher bist, kannst du dieses 24-Stunden-Fenster nutzen, um mit ihm Nachrichten auszutauschen und dich z.B. über den Zweck der Reise zu erkundigen. Ich empfehle dir jede Buchungsanfrage innerhalb von 24 Stunden zu beantworten. Wenn du dies zu häufig versäumst, kann sich dies negativ auf die Platzierung deines Inserats in den Suchergebnissen auswirken.

2. **Kontaktanfrage:** Falls sich dein zukünftiger Gast noch nicht sicher ist, ob deine Unterkunft das Richtige für ihn ist, kann er dich vorab auch zunächst über das Nachrichtensystem von Airbnb kontaktieren. Dazu muss er lediglich auf den Button »*Kontaktiere den Gastgeber*« am unteren Ende deines Inserats klicken und im Anschluss seine gewünschten Reisedaten und eine Nachricht eingeben. Diese Funktion wird häufig verwendet, um im Vorfeld Fragen zu stellen, Pläne zu besprechen und den Gastgeber vorab etwas kennenzulernen, ohne bereits eine verbindliche Buchung tätigen zu

müssen. Bei dieser Option hast du als Gastgeber ebenfalls die Möglichkeit, ein sogenanntes Gastgeber-Angebot zu versenden, bei dem du dem Gast einen individuellen Übernachtungspreis anbieten kannst. Nachdem ihr euch über alle Punkte einig geworden seid, kannst du als Gastgeber eine sogenannte Vorabbestätigung versenden, die es dem Gast ermöglicht, seine Buchung innerhalb der nächsten 24 Stunden abzuschließen.

Wie du schwierige Gäste vermeidest

Aktuell kann sich jeder ohne Identifikationsnachweis in der Airbnb-Community anmelden und weltweit Unterkünfte buchen. Obwohl Airbnb Background-Checks durchführt[7] und du grundsätzlich an das Gute im Menschen glauben solltest, kann es natürlich trotzdem einmal vorkommen, dass du dich mit potentiellen Gästen nicht wohl fühlst und eine Buchungsanfrage lieber ablehnen möchtest. Es gilt also nur noch die Frage zu klären, woher du bereits im Vorfeld wissen kannst, welchen Gast du besser ablehnen solltest? Natürlich besitze auch ich keine Glaskugel mit der ich vorhersehen kann, welche Gäste Probleme machen oder gegen die Hausregeln verstoßen werden.

Allerdings habe ich in den letzten Jahren einige Indikatoren gesammelt, die mir bereits jede Menge Ärger erspart haben und die ich deshalb inzwischen bei jeder Buchungsanfrage instinktiv überprüfe. Jede der folgenden Indikatoren ist dabei als Warnhinweis zu

---

7 https://www.airbnb.de/help/article/1308/does-airbnb-perform-background-checks-on-members

verstehen. Wenn einer davon auftritt, weiß ich, dass ich hellhörig werden muss und besser nochmal nachhake, bevor ich die Buchung bestätige. Sollten mehrere gleichzeitig auftreten, lehne ich die Anfrage meist höflich aber bestimmt ab. Für deine Vermietung wirfst du am besten noch einmal einen Blick auf die von dir festgelegte Zielgruppe und überlegst, welche Gäste dieser nicht entsprechen. Alternativ findest du hier fünf Beispiele, die auf meiner Beobachtungs-Checkliste stehen:

- **Der Gast möchte die Bezahlung außerhalb von Airbnb abwickeln:** Wenn ein Gast anfragt, ob er die Bezahlung nicht über Airbnb, sondern in bar oder über Paypal erledigen kann, solltest du die Anfrage immer ablehnen. Damit alle Sicherheitsmechanismen von Airbnb greifen (wie z.B. die Gastgeber-Garantie in Höhe von bis zu 800.000€), muss sowohl die Buchung als auch die Bezahlung vollständig über Airbnb erfolgen.
- **Der Gast fragt im Vorfeld nach Rabatt:** Verständlicherweise möchte jeder so wenig Geld wie möglich für seine Urlaubsunterkunft ausgeben. Meiner Erfahrung nach sind dies allerdings häufig Gäste, die während des Aufenthaltes wesentlich mehr Betreuung benötigen und sich gerne über Kleinigkeiten beschweren. Bei so einer Buchungsanfrage antworte ich deshalb meistens nett aber bestimmt, dass es bei Airbnb inzwischen Unterkünfte in jeder Preisklasse gibt.
- **Der Gast hinterfragt die Hausregeln:** Zum Beispiel: Kann ich in der Wohnung rauchen? Kann

ich meinen Hund mitbringen? Können wir zu 4. in der Wohnung schlafen (obwohl diese an maximal 3 Personen vermietet wird) etc.

- **Der Gast stammt aus dem selben Wohnort:** Es gibt sicherlich zahlreiche Situationen, in denen so eine Buchung ohne Probleme abläuft. Allerdings solltest du in diesem Fall immer hellhörig werden und den Grund seiner Buchung erfragen. Personen, die spontan eine günstige Unterkunft in der Nähe suchen, haben neben schmutziger Wäsche häufig (leider) auch Probleme im Gepäck.
- **Der Gast fragt, ob er sich die Wohnung im Vorfeld ansehen kann:** Sofern du hauptsächlich Langzeitbuchungen (mehrere Wochen oder Monate) anbieten möchtest, kann eine Vorabbesichtigung durchaus Sinn machen. Bei der klassischen tageweisen Vermietung sollte dies allerdings nicht notwendig sein, sofern du gute Fotos in deinem Airbnb-Inserat hinterlegt hast. Dies ist übrigens ein häufig genutzter Trick von Betrügern, um bereits vor der Buchung an die exakte Adresse der Wohnung zu gelangen. Daher solltest du in so einem Fall immer vorsichtig sein und Adress- und Kontaktdaten niemals vor einer abgeschlossenen Buchung herausgeben.

Je länger du über Airbnb vermietest und je mehr Gäste du begrüßt, desto besser wird sich deine Gäste-Intuition entwickeln. Nach über 200 begrüßten Gästen kann ich mir inzwischen innerhalb von wenigen Sekunden eine Meinung zu einem Gast bilden und vertraue fast nur noch ausschließlich meinem Bauchgefühl. Der Großteil der Buchungen erfolgt bei mir inzwischen über die Sofortbuchung, bei der ich eingestellt habe, dass nur Gäste mit hinterlegtem Ausweis und positiven Bewertungen meine Unterkünfte direkt buchen können. Diese Filtereinstellungen machen die Buchung natürlich vor allem für neue Airbnb-Mitglieder schwieriger. Sofern du allerdings regelmäßig ausreichend Anfragen von positiv bewerteten Gästen erhälst und insgesamt eine sehr gute Auslastung hast, kannst du dir damit bei den Buchungsanfragen viel Kommunikationsaufwand ersparen.

Tipp: Unter der Adresse www.superhostcampus.com/problemgaeste-vermeiden/ findest du noch weitere Beispiele, wie du Problemgäste vorab erkennen kannst.

Abschließend möchte ich noch auf Airbnbs Antidiskriminierungs-Richtlinie hinweisen, die du dir einmal in Ruhe durchlesen solltest[8]. Wenn du offensichtlich gegen eine dieser Punkte verstößt, lässt Airbnb meist nicht mit sich reden und sperrt sowohl deinen Account als auch deine Auszahlungen sofort. Du solltest es daher tunlichst vermeiden potenzielle Gäste auf Grund von folgenden Merkmalen abzulehnen:

- Herkunft oder Hautfarbe
- Ethnische Zugehörigkeit
- Nationalität oder Religion
- Sexuelle Orientierung
- Geschlechtsidentität

---

8 https://www.airbnb.de/terms/nondiscrimination_policy

Check-in & Schlüsselübergabe

Kannst du dich noch an dein letztes Date erinnern? Lass mich raten, du hast Ewigkeiten damit verbracht, die passende Kleidung auszuwählen, damit du bei deinem potentiellen Paarungspartner einen grandiosen ersten Eindruck hinterlässt. Bei Airbnb ist die Kleidung eher sekundär, viel wichtiger ist es, wie einfach die Gäste in deine Wohnung gelangen und was sie dort als Begrüßung erwartet. Wenn der Check-in reibungsfrei und unkompliziert abläuft, fängt der Aufenthalt deiner Gäste schon einmal sehr entspannt an. Häufig haben die Gäste eine anstrengende Anreise hinter sich und wollen einfach nur schnell in der Wohnung ankommen. Falls deine Wohnung in einer verwinkelten Gasse im Großstadt-Dschungel liegt, solltest du ihnen bereits im Vorfeld eine detaillierte Beschreibung zukommen lassen, wie sie die Wohnung finden. Am besten funktioniert dies mit einer bebilderten Anleitung oder sogar einem kurzen Video.

Falls möglich, solltest du deine Gäste immer persönlich begrüßen (lassen), um ihnen alles in Ruhe zeigen zu können und dir einen ersten Eindruck von ihnen zu verschaffen. Falls du deine Gäste aus zeitlichen Gründen nicht persönlich begrüßt, kannst du entweder einen Freund oder Nachbarn um Hilfe bitten oder eine der folgenden Alternativen nutzen, um die Schlüsselübergabe auszulagern. Allerdings empfehle ich vor allem neuen Gastgebern die ersten 5-10 Gäste persönlich zu begrüßen, um sich mit dem Check-in-Prozess vertraut zu machen. So wirst du schnell merken, welche Fragen häufig gestellt werden und kannst diese im Anschluss bereits in deinem Airbnb-Inserat beantworten.

Schlüsseltresor

Der Schlüsseltresor ist eine kleine, robuste Box, die du an der Hauswand oder an einem Gartenzaun befestigen kannst. Die meisten Schlüsselsafes haben ein stabiles Metallgehäuse und lassen sich recht einfach mit einem 4-stelligen Zahlencode öffnen. Da das Gehäuse meist Platz für 2-3 Schlüssel bietet, kannst du auch direkt mehrere Schlüssel hinterlegen. Und weil der kleine Safe ein mechanisches Schloss hat, benötigst du weder Batterien noch WLAN. Du solltest allerdings beachten, dass man bei den meisten Modellen nur einen Zahlencode einstellen kann. Wenn du häufig neue Gäste begrüßt, solltest du den Zahlencode regelmäßig ändern. Auch wenn die Schlüsseltresore recht massiv sind, können sie natürlich keine 100% Diebstahlsicherheit bieten. Damit du keine Gelegenheitsdiebe anziehst, sollten die Safes an einem Platz montiert werden, der nicht direkt einsehbar ist (also am besten nicht direkt neben der Haustür).

Tipp: Wenn deine Unterkunft für zwei oder mehr Personen ausgelegt ist, biete deinen Gästen ohne Nachfrage einen Zweitschlüssel an. So können sie auch einmal unabhängig voneinander etwas unternehmen und falls ein Schlüsselpaar verloren geht, haben sie einen Reserveschlüssel und du wirst nicht um 2 Uhr morgens von ihnen geweckt. Das Nachmachen eines Standard-Schlüssels kostet in der Regel maximal 10 € und ist damit wesentlich günstiger als ein um Sonntagnacht zu rufender Schlüsseldienst, der dank Wochenend- und Nachtzuschlag schnell einmal 200 € für das Öffnen der Tür berechnet.

Schlüsselversteck

Möchtest du keinen Schlüsseltresor verwenden, kannst du immer noch Ausschau nach einem unauffälligen Versteck halten. Unter dem Fußabstreifer ist wohl eines der am häufigst gewählten Schlüsselverstecke – und genau deshalb rate ich dir davon ab. Grundsätzlich würde ich diese Variante nur wählen, wenn es sich um eine sehr abgeschiedene Ferienwohnung handelt. Wohnst du hingegen in einem Mehrparteienhaus, ist die Chance recht hoch, dass ein Nachbar früher oder später dein Versteck entdeckt. Inzwischen kann man zahlreiche kreative Lösungen, wie z.B. eine Stein-Attrappe, ein Rasensprenger-Versteck oder ein magnetisches Schlüsseldepot, für kleines Geld im Internet bestellen.

Postversand

Diesen Weg wählen vermutlich nur sehr wenige, allerdings habe ich bereits Gastgeber kennengelernt, die ihre Schlüssel tatsächlich vorab mit der Post an den Gast verschicken. Wenn deine Gäste aus dem gleichen Land kommen, kann dies eine kostengünstige Möglichkeit zur Schlüsselübergabe sein. Und falls die Zeit einmal drängt, steht auch noch der Expressversand zur Verfügung. Aber denke bitte immer daran, dass ein Brief, bzw. ein Paket auch einmal verloren gehen kann. Solltest du ein Sicherheitsschloss besitzen, kann ein Schlüsselverlust daher recht teuer werden.

Lokale Geschäfte & Schlüsselcafés

Gibt es in der Nähe deiner zu vermieteten Wohnung ein Restaurant oder ein Kiosk? Falls ja, kannst du einmal nett nachfragen, ob man dort Schlüssel hinterlegen darf. Ist der Besitzer dazu nicht bereit, gibt es noch eine Alternative, nämlich sogenannte Schlüsselcafés. Diese Anbieter haben das Problem der Schlüsselübergabe bei Kurzzeitvermietungen erkannt und sind aktuell hauptsächlich in Großstädten wie Berlin, Wien oder Zürich aktiv. Das Prinzip dieser Anbieter ist recht einfach. Sie kooperieren mit Tankstellen, Restaurants und Cafés, die den Schlüsselaustausch für dich übernehmen. Dabei gibst du deinen Schlüssel beim Personal ab und dieser verstaut ihn dann in einem Safe. Sobald dein Gast anreist, kann er sich mit einem eindeutigen Nummern-Code den Schlüssel abholen. Egal, ob deine Gäste zu früh oder zu spät dran sind – dank der langen Öffnungszeiten erhalten sie den Schlüssel in der Regel jederzeit.

Bekannte Anbieter in diesem Bereich sind Keynest aus London und Keycafé aus Vancouver. Allerdings sind diese vor allem im amerikanischen und englischen Markt aktiv. Für den deutschsprachigen Markt bietet das Berliner Start-up Hoardspot diesen Service in aktuell über 21 Städten an. In Deutschland unter anderem in Berlin, Frankfurt, München, Düsseldorf und Köln. Das Hinterlegen eines Schlüssels für 14 Tage kostet dort 3 € und die Buchung funktioniert bequem auf ihrer Website oder App.

Tipp: Gibt es in deiner Nähe noch kein Schlüsselcafé? Dann aber vermutlich einen Bahnhof oder ein Einkaufszentrum. Dort gibt es häufig auch Schließfächer mit Zahlencodes, die du für die Schlüsselübergabe verwenden kannst.

Türschloss mit Pincode

Mit einem Türschloss mit Tastenfeld kannst du vollständig auf einen klassischen Schlüssel verzichten. Erfolgreiche Gastgeber (oder die, die es einmal werden wollen) sollten sich diese Möglichkeit einmal im Detail ansehen, da der Zugang zur Ferienwohnung damit bequem per Nummerncode erfolgen kann. Dadurch entfällt die fehleranfällige Schlüsselübergabe komplett. Auf dem Markt existieren bereits verschiedene Lösungen. Angeboten werden sowohl Produkte für handwerklich begabte Gastgeber, bei denen das Tastenfeld noch mit einem elektrischen Türöffner und dem Stromnetz verbunden werden muss, als auch Komplettlösungen, die mit einer Funkverbindung arbeiten und bei denen die Montage mit dem Wechsel des Schließzylinders erledigt ist. Die elektronischen Türschlösser sind wesentlich einfacher zu montieren, benötigen allerdings Batterien.

Smartlocks

Wenn du sowohl auf Pincode als auch auf den Schlüssel verzichten möchtest, könnte ein Smartlock die passende Lösung sein. Diese elektronischen Türschlösser funktionieren mit WLAN und/oder Bluetooth und ermöglichen den Zutritt ohne physischen Schlüssel. Stattdessen lässt sich die Tür bequem auf Knopfdruck mit dem Smartphone öffnen und schließen. Deine Gäste benötigen dabei ebenfalls ein Smartphone und können mit diesem – nachdem du die korrekten Zutrittsberechtigungen vergeben hast – die Tür ebenfalls öffnen. Im Vergleich zu den Schlössern mit Tastenfeld haben die Smartlocks drei entscheidende Vorteile:

1. Sie werden von innen an der Wohnungstür angebracht. Von außen ist daher nicht erkennbar, dass man ein elektronisches Türschloss im Einsatz hat.
2. Das Schloss verbindet sich mit dem eigenen WLAN. Dadurch lässt sich die Tür ebenfalls von unterwegs über das Internet steuern.
3. Die Tür lässt sich bei den meisten Systemen weiterhin mit dem regulären Schlüssel auf- und zusperren. Das ist vor allem bei technischen Problemen mit dem Schloss sehr hilfreich.

Da diese Produkte noch sehr neu auf dem Markt sind, haben viele davon noch Kinderkrankheiten. Aber die Hersteller entwickeln die Modelle permanent weiter. Für europäische Schließsysteme eignen sich die drei bekannten Smartlocks Danalock, Nuki und Yale Enter.

Smarte Gegensprechanlage

Überlegst du dir nun ein Smartlock zu bestellen, um deine Tür zukünftig bequem vom Handy aus öffnen zu können? Gut, allerdings solltest du vor allem in einem Mehrfamilienhaus beachten, dass nicht nur die Wohnungstür, sondern auch die Haustür geöffnet werden muss. Genau hier setzt das Start-Up Nello an, das einen digitalen Hausschlüssel entwickelt hat. Dabei handelt es sich um eine kleine elektronische Box, die du an deine Gegensprechanlage anschließt. Damit hast du die Möglichkeit mit einer Handy App einzustellen, wann die Haustür automatisch geöffnet werden soll. Wenn dein Gast dann ankommt, muss er lediglich klingeln und Nello betätigt automatisch den Türöffner und schickt dir eine Benachrichtigung auf dein Handy. Da du dafür das Gehäuse deiner Gegensprechanlage öffnen musst, solltest du im Vorfeld mit deinem Vermieter abklären, ob das in Ordnung ist. Die Erweiterung kann jederzeit rückstandslos entfernt werden, daher ist die Umrüstung in der Regel kein Problem.

Tipp: Unter der Adresse www.superhostcampus.com/schluesseluebergabe/ findest du zahlreiche von mir getestete Produktempfehlungen, um den Check-in-Prozess zu vereinfachen und deinen Gästen einen selbstständigen Zugang zu deiner Wohnung zu ermöglichen.

Nachdem du eine für dich funktionierende Methode zur Schlüsselübergabe gefunden hast, gilt es noch einen Blick auf dein lokales Melderecht zu werfen. Je nach Land, Region und Aufenthaltsdauer der Gäste kann es von dir als Gastgeber gefordert werden, die Identität deiner Gäste beim Check-in persönlich zu verifizieren und diese Informationen mit einem ausgefüllten Meldeschein an die lokale Behörde weiterzureichen. Dieser Meldeschein kann sowohl in Papierform als auch häufig bereits über ein Online-Formular abgewickelt werden. Weitere Informationen und Beispiele, wie dieses neue Bundesmeldegesetz in Deutschland angewendet wird, findst du auf der Webseite des Deutschen Tourismusverbandes[9].

Abrunden kannst du den Check-in noch, indem du deinen Gästen ein kleines Willkommens-Paket schnürst. Dies kann entweder eine kurze persönliche Willkommensnachricht, ein erfrischendes Getränk im Kühlschrank oder eine einheimische Spezialität sein. Diese

---

9 https://www.deutschertourismusverband.de/politik/melderecht.html

kleinen Aufmerksamkeiten müssen nicht teuer sein, machen allerdings einen großen Unterschied. Ebenfalls zu empfehlen ist ein Gästehandbuch, in dem du alle relevanten Informationen, wie z.B. Kontaktnummern, lokale Restaurants und öffentlicher Nahverkehr hinterlegst.

Im englischsprachigen Markt gibt es mit dem Anbieter Hostfully bereits einen auf Airbnb spezialisierten Dienstleister, bei dem du ein digitales Handbuch kostenlos erstellen und mit deinen Gästen teilen kannst. Wenn du dir nicht sicher bist, welche Informationen du in dem Gästehandbuch hinterlegen solltest, findest du hier ein paar weitere Ideen:

- Kontaktmöglichkeiten (Telefonnummer, E-Mail)
- Vollständige Adresse der Wohnung
- Parkplatzsituation und -gebühren
- WLAN-Zugangsdaten
- Bedienungsanleitung TV
- Zeiten für Check-in und Check-out
- Öffentlicher Nahverkehr (S-Bahn, U-Bahn, Straßenbahn, Bus)
- Taxi-Empfehlungen (und Uber)
- Empfehlungen für Restaurants, Cafés und Supermärkte

Gäste-Kommunikation

Wie bei jeder Dienstleistung ist auch beim Thema Kurzzeitvermietung die Kommunikation einer der zentralen Erfolgsfaktoren. Deine Stimmung, dein Temperament und dein Benehmen wird daher mitentscheidend dafür sein, ob du dir mit Hilfe von Airbnb langfristig ein stabiles Nebeneinkommen aufbauen kannst. Wenn du deinen Gästen immer wütend, frech oder gar nicht antwortest, wird sich das in deinen Bewertungen widerspiegeln und die Anzahl der Buchungsanfragen wird langsam aber stetig sinken. Am besten stellst du dir deine Gäste daher als Kunden vor, denen du den bestmöglichen Kundenservice bieten möchtest. Falls du dir unsicher bist, wie du ein höfliches Gespräch mit deinen Gästen führen sollst, dann stelle dir einfach vor, du unterhältst dich mit deiner Großmutter oder jemandem, den du respektierst und schätzt. Schließlich solltest du Spaß daran haben auf diese Weise Geld zu verdienen. Wenn das nicht der Fall ist, warum tust du das dann?

Die Kommunikation zwischen Gast und Gastgeber lässt sich in drei Zeiträume einteilen:

1. Vor der Ankunft des Gastes werden meist Fragen zur Unterkunft, Anfahrt und Check-in geklärt.
2. Während des Aufenthaltes gibt es meist Rückfragen zur Unterkunft und zu Unternehmungen.
3. Vor der Abreise des Gastes werden meist Fragen zum Check-out und der Abreise gestellt.

Sobald ein Gast Interesse für dein Inserat entwickelt hat, wird er dir eine Nachricht schreiben. Bei Airbnb kommunizieren Gäste und Gastgeber hauptsächlich über das interne Chat-System, mit dem kostenlos Nachrichten untereinander ausgetauscht werden. Nach einer erfolgreichen Buchung erhälst du als Gastgeber ebenfalls die Telefonnummer und eine anonymisierte E-Mail-Adresse deines Gastes, unter der du ihn sowohl während der Buchung als auch nach dem Check-out erreichen kannst. Duzen ist dabei absolut üblich und zwar sowohl beim persönlichen Treffen als auch beim Austausch von Nachrichten.

Meiner Erfahrung nach bevorzugt der Großteil der Gäste zum Austausch von Nachrichten das Chat-System von Airbnb. Falls dein Gast sich allerdings bevorzugt via SMS, Whatsapp oder Skype austauschen möchte, solltest du das ebenfalls akzeptieren. Schließlich bedeutet Gastfreundschaft für den Gast da zu sein, und zwar unabhängig vom Kommunikationskanal. Ich würde dir allerdings empfehlen, den Großteil der Kommunikation über die Airbnb-Webseite und die -App abzuwickeln. So werden alle Nachrichten zwischen euch automatisch dokumentiert. Sollte es einmal Probleme mit einem Gast geben, kann Airbnb den gesamten Kommunikationsverlauf nachvollziehen.

Dass die Kommunikation bei Airbnb einen hohen Stellenwert einnimmt kannst du auch daran erkennen, dass nach jeder erfolgten Buchung sowohl der Gast als auch der Gastgeber die Kommunikation seines Gegenübers bewerten kann. Zusätzlich dazu speichert Airbnb automatisch bei jeder Anfrage, ob und wie schnell du antwortest. Diese zwei Kennzahlen werden **Antwortrate** und **Antwortzeit** genannt und sind für jeden Gast auf deinem Airbnb-Inserat sichtbar. Es ist also nicht nur wichtig, wie du auf Gästeanfragen antwortest, sondern auch wie schnell dies erfolgt. Die Antwortrate wird in Prozent gemessen und sollte immer bei 100% liegen, indem du keine Nachricht unbeantwortet lässt. Die Antwortzeit ist ebenfalls ein wichtiger Indikator für Gäste, der in Minuten gemessen und als Durchschnittswert in folgenden Segmenten auf deinem Airbnb-Inserat angezeigt wird:

- innerhalb einer Stunde (das solltest du versuchen zu erreichen)
- innerhalb einiger Stunden
- innerhalb eines Tages

Wenn du dich jetzt fragst, wie man es schaffen soll, alle Nachrichten innerhalb von einer Stunde zu beantworten, gibt es dafür eine einfache Lösung: Die Airbnb-App. Einmal auf deinem Smartphone installiert erhälst du dann bei jeder neuen Nachricht oder Buchungsanfrage eine Benachrichtigung und kannst bequem vom Handy aus antworten. Du wirst allerdings schnell merken, dass das Tippen von längeren Nachrichten auf dem Handy sehr zeitaufwendig ist. Anstatt die gleichen Antworten immer und immer wieder einzutippen, kannst du daher auch Nachrichtenvorlagen bei Airbnb hinterlegen. Diese sogenannten »*Gespeicherten Nachrichten*« kannst du bei einer neuen Anfrage dann bequem im Posteingang auswählen und den Gästen somit ohne viel Zeitaufwand schnell und professionell antworten.

Tipp: Unter der Adresse www.superhostcampus.com/nachrichtenvorlagen/ kannst du dir 11 Nachrichtenvorlagen, die ich in den letzten Jahren für mich erstellt habe und seitdem täglich nutze, kostenlos herunterladen.

Um die Kommunikation außerhalb von Airbnb zu erschweren, werden persönliche Informationen, wie Telefonnummern, Web-Adressen oder E-Mail-Adressen vor einer bestätigten Buchung in den Nachrichten automatisch durch Airbnb zensiert[10]. Möchtest du deinen Gästen Internetadresse oder Telefonnummern von Restaurants oder Attraktionen in der Nähe im Vorfeld zukommen lassen, klappt dies leider nur via SMS oder per E-Mail.

Check-out & Reinigung

Nachdem deine Gäste ihren Aufenthalt (hoffentlich) genossen haben, gilt es nun den Check-out vorzubereiten. Sofern du deinen Gästen klare Anweisungen gibst, wann sie die Wohnung verlassen sollen und welche Aufgaben zu erledigen sind, sollte dies meist unkompliziert ablaufen. Hinterlege daher die Check-out-Zeit in deinem Inserat und weise deine Gäste am vorletzten Tag noch einmal via Nachricht auf diesen hin. Du solltest ebenfalls erwähnen, ob es noch zusätzliche Aufgaben zu erledigen gibt. Manche Gastgeber erinnern ihre Gäste in der selben Nachricht daran, dass benutztes Geschirr in den Geschirrspüler zu räumen ist und die Müllsäcke entsorgt werden sollen. Ich empfehle diese Aufgaben allerdings selbst zu machen, oder an die Putzfrau zu delegieren, damit die Gäste in Ruhe abreisen können.

Wähle die Check-out-Zeit nicht zu früh, damit deine Gäste ihre letzte Nacht noch ausgiebig genießen können und ihr letzter Tag nicht schon mit Stress am Morgen beginnt. Der Alltag (inklusive Wecker) wird sie schließlich noch früh genug einholen. Wer möchte schon im eigenen Urlaub die Wohnung um 8 Uhr morgens verlassen müssen? Am besten bewährt hat sich eine Check-out-

---

10 https://www.airbnb.de/help/article/1121/why-was-text-removed-from-my-airbnb-message-thread

Zeit gegen 11 Uhr vormittags. Das sollte genug Zeit zum Ausschlafen sein und gibt dir im Anschluss ausreichend Zeit, um nachmittags nach der Reinigung, zum Beispiel gegen 14 Uhr, neue Gäste empfangen zu können.

Sofern deine Gäste vormittags auschecken müssen, wird sehr häufig die Frage kommen, ob bis zur abendlichen Rückreise zumindest das Gepäck in der Wohnung deponiert werden kann. Falls du hierfür keinen Raum zur Verfügung stellen kannst, überlege dir zumindest eine Alternative oder prüfe, ob es in der Nähe geeignete Schließfächer gibt. Solltest du keinen neuen Gast für den selben Tag erwarten, freut sich erfahrungsgemäß jeder Gast darüber die Wohnung bis zu seiner Abreise nutzen zu können.

Falls möglich, solltest du beim Check-out immer persönlich anwesend sein. Das hat den Vorteil, dass du die Gäste direkt fragen kannst, ob sie etwas in der Wohnung vermisst haben, oder ob ihnen etwas nicht gefallen hat. Dadurch kannst du etwaige Probleme direkt aus der Welt schaffen und der Gast wird diese negativen Punkte später in der Bewertung nur selten erwähnen. Zum anderen kannst du die Gelegenheit nutzen und direkt prüfen, ob die Gäste Schäden in der Wohnung verursacht haben. Meistens wird es keine Schäden geben und du kannst dich zum Abschluss bei deinen Gästen für den guten Zustand der Wohnung bedanken und ihnen eine gute Heimreise wünschen. Wenn du möchtest, kannst du in diesem Zuge auch gleichzeitig erwähnen, dass du ihnen eine exzellente 5-Sterne-Bewertung hinterlassen wirst.

Falls du den Check-out nicht persönlich übernimmst, du aber für den selben Tag noch neue Gäste begrüßt, sollte deine Putzfrau direkt zur Check-out-Zeit auftauchen, um die Gäste zu verabschieden und die Wohnung zu prüfen. Aufgetretene Schäden musst du nämlich, um Anspruch auf deine Kaution geltend zu machen, innerhalb von 14 Tagen oder bis zum nächsten Check-in bei Airbnb melden. Mache unbedingt auch immer sofort Fotos von den etwaigen Schäden, damit du diese im Mediations-Center nachweisen kannst.

Zusätzlich dazu kannst du auch eine kleine Ideenbox, bzw. einen Kummerkasten in der Wohnung platzieren und deine Gäste bitten, Verbesserungsvorschläge und Feedback einzuwerfen. Dadurch kannst du es zum Teil ebenfalls verhindern, dass negative Punkte in deinen Bewertungen erwähnt werden.

Reinigung & Waschen

Vielleicht fragst du dich jetzt, wie sauber die Wohnung für deine Gäste sein sollte? Musst du wirklich alles auf Hochglanz polieren oder genügt es, wenn du kurz einmal den Staubsauger in die Hand nimmst? Stell' dir vor, deine Mutter kommt zu Besuch. Dann hast du schon einmal einen ungefähren Gradmesser für die Erwartungshaltung von Airbnb-Gästen. Die Sauberkeit deiner Wohnung ist einer der wichtigsten Punkte beim Gastgeben. Daher solltest du diese Aufgabe niemals leichtfertig überspringen. Selbst wenn du ein brandneues Penthouse-Apartment mit hochwertigen Möbeln, 65" Flatscreen-TV und Whirlpool vermietest, wird eine schmutzige Wohnung die Stimmung deiner Gäste auf einen Schlag in den Keller befördern. Oder wie würdest du dich fühlen, wenn du in deinem wohlverdienten Urlaub euphorisch eine Unterkunft betrittst und das Erste, was dir auffällt, sind staubige Böden, Haare im Bad und gelbe Flecken auf der Bettwäsche?

Viele Gastgeber übernehmen die Reinigung selbst, aber falls du dies nicht machen kannst oder willst, solltest du dich auf die Suche nach verlässlichen Dienstleistern begeben. Diese Kosten musst du nicht selbst tragen, sondern kannst sie separat bei deinem Übernachtungspreis ausweisen, so dass der Gast für die Reinigung aufkommt. Auch wenn dein Gast nie erfahren wird, wie viel du für die Reinigung bezahlst, solltest du die tatsächlichen Kosten angeben und nicht versuchen mit einem Aufschlag noch ein paar Euros zusätzlich zu verdienen.

In ausgewählten Großstädten werden Putzhilfen inzwischen ebenfalls über Online-Plattformen, wie z.B. Helpling, Book a Tiger und Extra Sauber, vermittelt. Sollten diese Plattformen keine Angebote in deiner Region haben, kannst du ebenfalls über lokale Kleinanzeigenportale oder eBay Kleinanzeigen versuchen, eine passende Haushälterin zu finden. Falls du deine Putzfrau über eine dieser Buchungsplattform buchst und du regelmäßig neue Putzkräfte zugewiesen bekommst, empfiehlt es sich, eine bebilderte Checkliste zu erstellen. So kannst du sicherstellen, dass auch bei wechselnden Putzhilfen alle für dich wichtigen Aufgaben erledigt werden und durch die bebilderte Anleitung sollten Missverständnissen minimiert werden.

Tipp: Platziere den Staubsauger und das Putzzeug in einem Küchenschrank oder in der Abstellkammer, damit diese nicht direkt sichtbar, aber für die Gäste verfügbar sind. Ich habe es schon oft erlebt, dass meine Gäste (ohne, dass ich sie darum gebeten hätte) vor der Abreise freiwillig und eigenständig den Müll entsorgt und die Wohnung gesaugt haben. Dadurch sparst du, bzw. deine Reinigungskraft, wertvolle Zeit.

Bewertungen

Heutzutage werden viele unsere Entscheidungen aufgrund von öffentlich einsehbaren Meinungen getroffen. Egal, ob wir ein Produkt auf Amazon aussuchen oder uns für ein Restaurant entscheiden. Meist lesen wir uns vor der Bestellung zunächst die Kundenrezensionen oder das Feedback von vorherigen Gästen durch und vertrauen diesem Feedback weit mehr als den Angaben des Herstellers oder des Besitzers. Auch bei Airbnb wählen viele Gäste ihre Unterkunft nach den Bewertungen vorheriger Gäste aus. Daher sind die Bewertungen einer der wichtigsten Erfolgsfaktoren für dich als Airbnb-Vermieter, da jede positive Bewertung zusätzliches Vertrauen und Transparenz schafft. Du solltest daher alles in deiner Macht stehende unternehmen, um ein Ziel zu verfolgen: Ausschließlich 5-Sterne-Bewertungen von deinen Gästen zu erhalten.

Als Bewertungssystem für dich als Gastgeber verwendet Airbnb ein 5-Sterne-System, dass sich aus folgenden Einzelbewertungen zusammensetzt:

- Genauigkeit der Angaben
- Check-in
- Sauberkeit
- Kommunikation
- Standort
- Preis-Leistungs-Verhältnis

Sowohl du als Gastgeber als auch deine Gäste haben nach dem Check-out 14 Tage Zeit, um eine Bewertung für die Reise zu schreiben. Bewertungen können nur nach einer erfolgten Buchung verfasst werden und sind zunächst verborgen. Sobald beide Parteien eine Bewertung verfasst haben (oder alternativ 14 Tage verstrichen sind) werden die Bewertungen automatisch veröffentlicht. Vor allem als neuer Gastgeber solltest du versuchen, so schnell wie möglich mehrere 5-Sterne-Bewertungen zu erhalten, damit dich die Airbnb-Community als vertrauensvoller Gastgeber wahrnimmt. Dazu kannst du zum Beispiel deine Wohnung in deinem Freundes- und Bekanntenkreis bewerben und zu einem günstigen Freundschaftspreis anbieten. Somit bekommen deine Bekannten eine günstige Übernachtungsmöglichkeit und du hast die Chance auf deine ersten 5-Sterne-Bewertungen.

Wichtig zu wissen ist ebenfalls, dass Bewertungen nicht gelöscht werden können und nur innerhalb der ersten 48 Stunden editierbar sind. Falls dich ein Gast in einer Bewertung persönlich beleidigt oder über die Stränge schlägt, kannst du versuchen die Bewertung über den Airbnb-Kundenservice löschen zu lassen. Zusätzlich kann sowohl der Gast als auch der Gastgeber die abgegebene Bewertung einmalig kommentieren. Dies solltest du immer machen und dich gleichzeitig für die Bewertung bedanken. Vielleicht kannst du auch noch eine kleine Anekdote über ein gemeinsames Erlebnis hinzufügen. Wie zum Beispiel: »*Danke für deine Bewertung und bis zum nächsten Mal am Lagerfeuer ;-)*«. Was auch immer das bedeutet, weiß kein Mensch, außer du und der Gast.

Aber geteiltes Insiderwissen unterstreicht das Vertrauen zueinander und wirkt sympathisch.

Falls zu wenige Gäste Bewertungen hinterlassen, solltest du sie einfach aktiv darauf ansprechen und ihnen das Airbnb-Bewertungssystem und dessen Wichtigkeit für dich als Gastgeber erläutern. Wenn sie auch 10 Tage nach dem Check-out noch keine Bewertung abgegeben haben, kannst du ihnen auch eine freundliche Erinnerung schicken, dass sie dir sehr helfen würden, wenn sie eine positive Bewertung hinterlassen. Manche Gäste sind einfach nur im Stress, vergessen es oder wissen nicht, wie wichtig es für dich ist. Du solltest deine Gäste ebenfalls dazu ermutigen, ihre Bewertung in ihrerer Muttersprache zu verfassen. Airbnb zeigt zukünftigen Gästen dann automatisch diejenigen Bewertungen ganz oben an, die in ihrer Landessprache verfasst wurden.

Wie man auf negative Bewertungen reagiert

Je mehr Gäste du in deiner Unterkunft begrüßt, desto wahrscheinlicher wird es, dass du früher oder später auf einen Gast triffst, der mit der Unterkunft nicht zufrieden ist und dir eine negative Bewertung hinterlässt. Wir sind alle nur Menschen und manchmal passieren unvorhergesehene Dinge oder deine Unterkunft entspricht absolut nicht seinen Erwartungen. Da jede Bewertung öffentlich einsehbar ist, liegt es nun an dir, die Situation transparent darzustellen und eine Antwort zu verfassen. Du solltest unbedingt ausführlich und objektiv antworten und nie emotional oder undiplomatisch werden. Außerdem solltest du auf folgende Punkte in deiner Antwort besser verzichten:

- Rechtfertige dich nicht
- Keine Ausreden
- Greife den Gast nicht persönlich an
- Bewerte ihn nicht negativ zurück

Tipp: Falls du erwartest, dass dich dein Gast schlecht bewertet, kann es Sinn machen, dass du darauf verzichtest eine Bewertung über deinen Gast zu verfassen, bzw. eine Bewertung aktiv von ihm einzufordern. Mit etwas Glück ist er nach der Abreise direkt wieder im Alltagsstress versunken und vergisst seinen Frust als Bewertung zu hinterlegen.

Zerbrich dir über negative Bewertungen nicht zu lange den Kopf, sondern sieh sie als Chance, um deine Vermietung zu verbessern. Außerdem können sie dich als Gastgeber enorm bei der Auswahl der richtigen Gäste unterstützen. Daher solltest du dir bei jeder Buchungsanfrage auch die vorherigen Bewertungen deiner zukünftigen Gäste durchlesen. Meist kannst du dadurch schon einiges über sie erfahren und herausfinden, ob es Dinge gibt, auf die sie besonderen Wert legen. Solltest du eine Buchungsanfrage von einem Gast erhalten, der bereits von mehreren Gastgebern negativ bewertet wurde, würde ich es mir gut überlegen, ob ich dieser Person meine Unterkunft zur Verfügung stelle.

Auszahlung

Nachdem deine zufriedenen Gäste sich verabschiedet haben, interessierst du dich nun sicher dafür, wie du an dein Geld kommst. Grundsätzlich agiert Airbnb bei der Bezahlung als sogenannter Treuhänder. Das bedeutet, dass der Gast die Buchung vorab an Airbnb bezahlt und 24 Stunden nach dem Check-in gibt Airbnb das Geld frei und sendet es dir an die von dir hinterlegte Auszahlungsart. Je nach ausgewähltem Rechnungsland kannst du in der Regel zwischen den Auszahlungsarten PayPal, Überweisung und (ausgewählte) Kreditkarten wählen. Die klassische Überweisung auf ein Bankkonto ist kostenfrei, dafür dauert es in der Regel 2-3 Tage bis das Geld bei dir ankommt. Bei PayPal und Kreditkarte können zusätzliche Transaktionsgebühren anfallen, dafür erhälst du das Geld normalerweise noch am selben Tag. Wenn die Auszahlung auf ein Wochenende fällt, kann es zusätzlich zu ein paar Tagen Verzögerung kommen. Und falls dein Gast länger als 28 Tage bei dir übernachtet, erfolgt die Auszahlung monatlich.

Weiterhin kannst du verschiedene Auszahlungsregeln hinzufügen, mit denen du Auszahlungen flexibel steuern kannst. So kannst du die Auszahlung zum Beispiel auf verschiedene Konten verteilen oder pro Unterkunft eine eigene Auszahlungsart zuordnen und somit den Geldfluss besser organisieren. Mit diesen Regeln lassen sich die Einnahmen auch auf verschiedene Personen aufteilen. Das ist zum Beispiel dann hilfreich, falls dich jemand als Co-Gastgeber bei der Vermietung unterstützt. Übrigens kannst du auch ein Mindest-Auszahlungsbetrag festlegen. Das kann z.B. hilfreich sein, falls du (zum Beispiel aus steuerlichen Gründen) die Einnahmen gegen Ende des Jahres erst in dem Folgejahr ausbezahlt bekommen möchtest. Bezahlt wirst du dabei immer in der Währung, die dem Land auf deiner Rechnungsadresse entspricht.

Lediglich bei PayPal hast du unter Umständen die Möglichkeit die Überweisung in Dollar zu beauftragen.

Steuern

Achtung: Ich bin kein Steuerberater und kann/darf dir keine steuerliche Auskunft geben. Die vorgestellten Informationen basieren auf meiner Interpretation der steuerlichen Gesetzgebung als privater Vermieter. Meine Ausführungen können fehlerhaft oder sogar falsch sein. Ich übernehme keine Haftung, die auf Basis der hier aufgeführten Informationen getroffen wurden. Für eine verbindliche Auskunft musst du dich an einen Steuerberater oder das für dich zuständige Finanzamt wenden.

Grundsätzlich gibt es zwei Arten von Steuerabgaben, die du bei der Kurzzeitvermietung berücksichtigen solltest:

1. Die Bettensteuer
2. Die individuelle Steuerbelastung

In den vergangenen Jahren haben zahlreiche Kommunen Steuern auf Übernachtungen eingeführt. Diese müssen meist direkt vom Gastgeber eingesammelt und im Anschluss an die Steuerbehörde abgeführt werden. Auf einen bundesweit einheitlichen Namen konnte man sich bisher noch nicht einigen, daher existieren zahlreiche Bezeichnungen für diese Art der Steuer, wie z.B. Bettensteuer, City-Tax, Beherbergungsabgabe oder Belegungssteuer. Unabhängig vom Namen handelt es sich dabei immer um dieselbe Abgabe – nämlich eine pro Person und Nacht fällige Abgabe, die ausschließlich für private Übernachtungen fällig wird. Bei beruflich veranlassten

Übernachtungen muss diese Steuer meist nicht abgeführt werden. Allerdings muss der Gast einen Nachweis über den beruflichen Reisezweck erbringen.

Es gibt bereits zahlreiche Städte, in denen Airbnb ein Abkommen mit den lokalen Kommunen getroffen hat und diese Belegungssteuer bei jeder Buchung automatisch einsammelt und an die Steuerbehörde abführt. Im deutschsprachigen Raum gibt es aktuell nur den Kanton Zug in der Schweiz, bei dem die Beherbergungsabgabe seit dem 1. Juli 2017 bei jeder Buchung von Airbnb eingesammelt und an die Tourismusbehörde abgeführt wird.

In allen anderen deutschsprachigen Regionen muss die Abgabe daher noch vom Gastgeber erhoben, dokumentiert und an die Kommune abgeführt werden. Du kannst dir diese Übernachtungssteuer daher entweder von den Gästen beim Check-in in bar aushändigen lassen, oder du preist sie bereits bei deinem Übernachtungspreis ein.

Als zweite Ausgabe gilt es noch die individuelle Steuerbelastung zu erwähnen. Ausschlaggebend hierfür ist, ob die Vermietung vom Finanzamt als Privatperson oder als gewerbliche Tätigkeit angesehen wird. Dies wird immer individuell entschieden, allerdings gibt es ein paar Anzeichen, ab wann dir eine gewerbliche Tätigkeit unterstellt werden kann:

- Die Vermietung ist nach außen gerichtet, d.h. du vermietest nicht nur an Freunde und Bekannte, sondern auch an »*Fremde*«

- Es gibt permanent ansprechbares Personal in der Unterkunft (vergleichbar mit einer Rezeption in einem Hotel)
- Du verfolgst mit der Vermietung eine gewinnerzielungsabsicht
- Du bietest Dienstleistungen, wie z.B. Frühstück oder Pay-TV an
- Du betreibst die Vermietung selbstständig und nicht freiberuflich

Sofern du als gewerblicher Vermieter eingestuft wirst oder sogenannte »*unübliche Sonderleistungen*« anbietest, fallen die klassischen Abgaben wie Umsatzsteuer und Gewerbesteuer an. Verdienst du mit der Vermietung (in Deutschland) weniger als 17.500 € pro Jahr, kannst du von der Kleinunternehmerregelung Gebrauch machen. Die Gewerbesteuer fällt erst an, sobald du mehr als 24.500 € pro Jahr erwirtschaftest. Sofern du allerdings nur ein Zimmer ab und zu vermietest, würde ich davon ausgehen, dass die Vermietung als Privatvermietung anerkannt wird. Das bedeutet, dass für deine Airbnb-Einnahmen ganz regulär Einkommenssteuer anfällt und du die Gewinne (sofern du in Deutschland steuerpflichtig bist) als »*Einkünfte aus Vermietung und Verpachtung*« in der Einkommenssteuererklärung (Anlage V) angeben musst. Eine Sache, die du immer machen solltest, ist alle für die Vermietung notwendigen Ausgaben mit Belegen zu dokumentieren. Je nach individueller Situation kannst du diese dann nämlich steuerlich geltend machen.

Notfälle, Pannen & Schäden

Im Leben kommt vieles unerwartet. Genau genommen: das Allermeiste. Daher solltest du dir bereits im Vorfeld Gedanken machen, welche Schritte du in solchen unangenehmen Situationen unternehmen musst. Nur so kannst du im Notfall einen kühlen Kopf behalten und gelassen reagieren. Sollte es sogar Gefahr für Leib und Leben geben, kontaktiere auf jeden Fall auch die örtliche Polizei oder den Rettungsdienst. Damit deine Gäste diese Möglichkeit ebenfalls haben, platziere in der Wohnung gut sichtbar eine Notfallkarte, auf der wichtige Rufnummern notiert sind. Auf dieser sollten die Rufnummern für Polizei, Feuerwehr, Rettungsdienst und natürlich auch deine private Mobilnummer hinterlegt sein. Falls du nur schwer erreichbar bist, kannst du zusätzlich die Mobilnummer eines Bekannten aufschreiben, der im Notfall kontaktiert werden kann.

Bevor wir uns dem Thema Schäden widmen, schauen wir uns aber zunächst ein paar Pannen an, die bei der Airbnb-Vermietung eintreffen können:

Die Gäste haben den Schlüssel verloren oder sich ausgesperrt

Wenn du deinen Gästen einen klassischen Schlüsselbund aushändigst, wird diese Situation früher oder später eintreten. Und vermutlich passiert dies nachts um 2 Uhr nach einem ausgedehnten Bar-Besuch oder unmittelbar nach dem Check-out wenn ihnen auffällt, dass sie etwas in der Wohnung vergessen haben. Genau für solche Situationen solltest du einen Plan B parat haben. Entweder freundest du dich mit einem lokalen Schlüsseldienst an, der dich in so einer Situation mit einem fairen Preis unterstützt. Oder du hinterlegst einen Reserveschlüssel in einem Schlüsselsafe und musst deinen Gästen im Notfall nur noch den passenden Code zukommen lassen.

Die Gäste kommen beim Check-in nicht in die Wohnung

Falls du deine Gäste beim Check-in nicht persönlich begrüßt, kann es immer einmal Probleme mit deinem Türschloss geben oder das Café, in dem der Schlüssel hinterlegt ist, hat plötzlich wegen Reichtum geschlossen. Sende ihnen daher vorab eine detaillierte Anleitung, falls dein Schloss ab und zu mal klemmt und überlege dir gleichzeitig eine Alternative, wie du sie in dieser Situation unterstützen kannst.

Die Wohnung ist schmutzig

Eine schmutzige Wohnung ist der schnellste Weg zu einer negativen Bewertung. Falls du deine Wohnung nicht selbst reinigst, solltest du vor allem am Anfang die Wohnung noch einmal auf Sauberkeit kontrollieren, nachdem deine Putzfrau ihren Job erledigt hat. Falls sich deine Gäste unmittelbar nach dem Check-in über die Sauberkeit beschweren, kannst du entweder versuchen spontan eine neue Putzfrau zu organisieren oder ihnen anbieten, einen Teil des Übernachtungspreises aus Kulanz zu erstatten.

Das Internet funktioniert nicht

Jedes technische Gerät kann (und wird) früher oder später einmal Probleme machen. Zwar ist vor allem bei technischen Gebrechen der Anwender häufiger das Problem als das eigentliche Gerät, aber das solltest du deinen Gästen nicht unbedingt auf diese Art mitteilen. Auch wenn dieses Problem aus der Ferne meist schwer zu analysieren ist, lässt sich diese Panne meiner Erfahrung nach häufig durch einen simplen Neustart des DSL-Routers lösen. Daher habe immer eine Anleitung parat, wo sie das Gerät finden und wie es sich neustarten lässt. Meistens ist dies schnell erledigt, indem man kurz den Netzstecker zieht, da sich das Gerät beim Anstecken automatisch neustartet.

Die Klimaanlage/Heizung funktioniert nicht

Auch hierbei kann das Problem entweder beim Anwender oder beim Gerät liegen. Vor allem die Bedienung von modernen Klimaanlagen ist häufig nicht sehr intuitiv. Stelle daher die Bedienungsanleitung oder eine kurze Anleitung zur Verfügung, welche Knöpfe man in welcher Reihenfolge drücken muss. Sollte es tatsächlich ein Problem mit dem Gerät geben, kann auch hier häufig die Notfallnummer der Hausverwaltung helfen. Eine regelmäßig durchgeführte, professionelle Wartung der Heizung ist ebenfalls zu empfehlen.

Rohrbruch und verstopfte Toiletten

Diese Situation wird hoffentlich niemals eintreten, aber auch hierzu gilt es sich Gedanken zu machen. Unabhängig davon, ob diese Panne von deinen Gästen verursacht wurde oder nicht, solltest du dir überlegen, wie du dieses Problem schnell und unkompliziert beheben kannst. Meist ist es hierbei sehr hilfreich einen lokalen Klempner zur Hand zu haben, den du im Notfall anrufen kannst. Alternativ bieten viele Hausverwaltungen auch Notfallnummern an, die für solche Situationen eingerichtet wurden.

Stromausfall

Entweder hat der Gast einen Kurzschluss verursacht oder es gibt ein allgemeines Problem mit dem Netzbetreiber. Oder hast du vielleicht vergessen die Stromrechnung zu bezahlen? Unabhängig davon, solltest du dem Gast erklären können wo sich der Sicherungskasten befindet, damit er dies selbstständig überprüfen und lösen kann. Als gut vorbereiteter Gastgeber hast du für diese Situation natürlich eine Taschenlampe bereitgestellt.

Ruhestörung & Nachbarn

Befindet sich deine Unterkunft an einer vielbefahrenen Straße oder in einer Nachbarschaft mit ausgeprägtem Nachtleben, solltest du dies deutlich in deinem Inserat erwähnen. Ist dies nicht der Fall und es gibt trotzdem Probleme wegen Lärmbelästigung, entweder weil deine Gäste (oder deine Nachbarn) eine ausufernde Party feiern, kannst du dies häufig mit einem direkten Gespräch klären. Alternativ gibt es immer noch die Möglichkeit die Polizei zur Unterstützung zu rufen. Es kann ebenfalls helfen deinen Gästen für diesen Fall kostenlose Ohropax zur Verfügung stellen. Dies ist natürlich nur eine kleine Geste aber im Fall der Fälle werden es dir deine Gäste danken.

Die Gäste erscheinen nicht

Es kann immer einmal passieren, dass deine Gäste ihre geplante Reise, aufgrund eines Notfalls oder Problems, kurzfristig absagen müssen. So hat sich zum Beispiel bei mir einmal ein Erasmus-Student eingebucht, der aufgrund von Visa-Problemen beim Boarding erfahren hat, dass er seinen Flug nicht antreten darf. Sofern dein Gast kurzfristig erfährt, dass er die Anreise nicht antreten darf oder kann, solltest du ihm raten die Buchung zu stornieren. Je nachdem welche Stornierungsbedingungen du eingestellt hast, erhält er somit einen Teil seiner Übernachtungskosten zurück und du kannst versuchen die nun freigewordenen Tage kurzfristig neu zu vermieten. Aber auch wenn er keinen Anspruch auf eine Erstattung hat, kannst du ihm aus Kulanz natürlich einen Teilbetrag zurückerstatten.

Falls dein Gast einfach nicht erscheint und du ihn auch nicht erreichen kannst, solltest du spätestens am Folgetag Airbnb kontaktieren, um die nächsten Schritte zu besprechen. Von so einem Fall hat mir einmal ein befreundeter Gastgeber erzählt, bei dem eine Dame im Auftrag von ihrem Ehemann zwei Übernachtungen für seine Geschäftsreise gebucht hat. Am Tag des Check-outs hat sie eine positive Bewertung erhalten und die Ehefrau hat sich im Auftrag von ihrem Ehemann höflichst für die netten Gespräche und die saubere Unterkunft bedankt. In der Wohnung aufgetaucht ist dieser allerdings nie.

Schäden an der Wohnung oder Einrichtung

Sollten deine Gäste Schäden an der Wohnung oder dem Mobiliar verursachen, gibt es drei Möglichkeiten, wie du die Kosten für die Reparatur erstattet bekommst:

1. Der Gast meldet den Schaden bei dir und bietet dir an die dafür entstandenen Kosten zu übernehmen. Möglicherweise erfolgt die Re-

gulierung dann über seine Haftpflicht-, oder Hausratsversicherung.

2. Sofern du eine Kaution in deinem Inserat hinterlegt hast, kannst du die Reparaturkosten für kleinere Unfälle meist über diese abwickeln. Hierfür musst du als Gastgeber innerhalb von 14 Tagen nach dem Check-out (bzw. vor dem nächsten Check-in) das Mediations-Center von Airbnb verwenden, um die Kaution oder einen Teil davon zu beanspruchen.
3. Sofern die Reparaturkosten die hinterlegte Kaution übersteigen, kannst du die von Airbnb angebotene Gastgeber-Garantie in Anspruch nehmen. Laut Aussage von Airbnb wurde diese Garantie im Jahr 2016 bei 30 Millionen Buchungen ungefähr 2.700 mal in Anspruch genommen.

Die Gastgeber-Garantie

Die Gastgeber-Garantie ist eine von Airbnb angebotene Garantie, die teilnahmeberechtigte Gastgeber im Schadensfall (je nach Land) mit bis zu 800.000 € absichert. Diese Versicherung ist automatisch in jeder Buchung beinhaltet, hat allerdings (wie jede Versicherung) zahlreich Ausnahmen. So sind Wertgegenstände, Haustiere und persönliche Haftung von dieser ausgenommen. Weiterhin solltest du beachten, dass du im Schadensfall zahlreiche Dokumente und Beweise fristgerecht einreichen musst, damit der Schaden auch erstattet wird. Kannst du die geforderten Dokumente nicht einreichen oder versäumst du die von Airbnb gesetzten Fristen, wird der Fall geschlossen und du bleibst auf deinen Kosten sitzen. Daher ist es ratsam, gewisse Risiken mit einer zusätzlichen Haftpflicht-, Hausrats- oder Mieterversicherung abzusichern. Ein auf diesen Bereich spezialisierter Versicherungsmakler kann dich hierbei am besten beraten.

Weitere Informationen zu der Gastgeber-Garantie findest du ebenfalls auf der offiziellen Webseite[11].

11 https://www.airbnb.de/guarantee

SCHRITT 5

Für Fortgeschrittene

NACHDEM DU DIE ERSTEN Gäste begrüßt hast und sich so langsam Routine in deiner Airbnb-Vermietung entwickelt hat, stellst du dir möglicherweise die Frage, ob das schon alles war oder ob es da draußen noch weitere Möglichkeiten gibt, um die Vermietungen auf die nächste Stufe zu heben. Bist du mit den Einkünften aus der Vermietung von deinem leer stehenden Zimmer zufrieden und mit dem Zusatzaufwand ganz gut ausgelastet? Dann ist dieses Kapitel möglicherweise nicht das Richtige für dich. Vielleicht hast du aber auch Blut geleckt und bist so begeistert von deinen ersten Gästen, dass du dir jetzt schon Gedanken machst, wie du noch mehr aus der Vermietung machen kannst. Wenn du die vorherigen Kapitel durchgearbeitet und die Tipps & Tricks umgesetzt hast, wirst du dich in der Regel schon deutlich von deinen Mitbewerbern abheben. Trotzdem findest du in diesem Kapitel noch ein paar Impulse, um dein Inserat weiter zu optimieren. Bevor du dich mit diesen Themen beschäftigst, solltest du mindestens zehn Gäste begrüßt haben, damit du die Grundlagen des Vermietungsprozesses verinnerlicht hast.

Zusätzliche Einnahmequellen

Viele Gastgeber denken bei Airbnb nur an das Anbieten eines überdachten Schlafplatzes und übersehen, dass Gäste häufig viele hunderte Kilometer angereist sind und ihre wertvolle Freizeit nun möglichst stressfrei aber erlebnisreich genießen wollen. Und genau hierbei kannst du sie als Airbnb-Gastgeber vorzüglich unterstützen.

Daher findest du in diesem Kapitel ein paar Ideen, wie du deine Einnahmen steigern kannst. Grundsätzlich gilt dabei (wie im Swinger-Club): Alles kann, nichts muss. Bedränge deine Gäste nicht mit Produkten oder Dienstleistungen, sondern platziere dezente Hinweise in deinem Inserat und in der Wohnung oder erwähne bei der Begrüßung, welche kostenpflichtigen Dienstleistungen du anbietest.

Ein gutes Beispiel hierfür habe ich bei einem Mexiko-Urlaub in Cancun erlebt. Meinem Airbnb-Gastgeber habe ich vorab erzählt, dass ich in meinem Urlaub unbedingt mit Walhaien schwimmen möchte. Und direkt nach der Ankunft hat er mir einen Anbieter empfohlen, der seine Ausflugs-Tour unmittelbar vor unserer Tür gestartet hat. Somit habe ich mir die langwierige Internetrecherche gespart und mein Airbnb-Gastgeber hat (vermutlich) eine kleine Provision kassiert. Und zusätzlich dazu hat er es dank seiner Gastfreundschaft sogar bis in dieses Buch geschafft.

Bring- und Abholservice anbieten

Unabhängig davon, ob du deinen Wohnraum im ländlichen oder im städtischen Raum anbietest. Der Großteil deiner Gäste reist vermutlich nicht mit dem eigenen Auto, sondern mit den öffentlichen Verkehrsmitteln an.

Wenn du selbst viel unterwegs bist, hast du es sicherlich schon einmal erlebt, dass du dich nach der Ankunft in einem fremden Land erst einmal mit schwer verständlichen Busfahrplänen oder aufdringlichen Taxifahrern auseinandersetzen musst. Diese unangenehme Situation kannst du deinen Gästen ersparen, indem du ihnen bereits im Vorfeld anbietest, sie persönlich (oder von einem befreundeten Taxifahrer) vom Flughafen oder Bahnhof abzuholen.

Recherchiere im Vorfeld was eine vergleichbare Fahrt mit dem Taxi kostet und biete eine einfache Fahrt und eine (etwas vergünstigte) Hin- und Rückfahrt an. Wenn du den Transfer zu einem fairen Preis anbietest, nehmen meiner Erfahrung nach 20-30% der Gäste dieses Angebot an. Und neben dem netten Zusatzeinkommen hat dies auch noch den Vorteil, dass du die Gäste während der Fahrt direkt ein bisschen kennenlernen und ihnen ein paar Sehenswürdigkeiten zeigen kannst. Und falls sie mit viel Gepäck reisen, ersparen sie sich auch noch das anstrengende Schleppen.

Fahrräder, Autos & Equipment vermieten

Eine weitere Möglichkeit, wie du den Umsatz pro Gast erhöhen kannst, ist die Vermietung von Alltagsgegenständen. Die meisten Gäste versuchen mit so wenig Gepäck wie möglich zu reisen und leihen sich ihr benötigtes

Equipment stattdessen lieber vor Ort aus. Was du konkret anbieten kannst, hängt natürlich stark von deiner Region, der Saison und deinen Gästen ab. Aber du findest hier ein paar Beispiele:

Fahrradfahren kann fast jeder und es ist immer noch eine der populärsten Möglichkeiten, um eine neue Region zu erkunden. Wenn es zwar wunderschöne Fahrradwege gibt, du aber kein Fahrrad hast, dann besuche am Wochenende einen Flohmarkt oder stöbere online bei eBay Kleinanzeigen. Prüfe, was die lokalen Fahrradgeschäfte für das Ausleihen verlangen. Meiner Erfahrung nach sind 10 € pro Fahrrad pro Tag ein fairer Deal. Achte auf jeden Fall darauf, dass die Räder gut gewartet sind. Sie sollten sauber sein, genug Luft in den Reifen haben und die Bremsen gut funktionieren.

Manchmal wollen deine Gäste auch größere Trips unternehmen und sind daher auf der Suche nach einem fahrbaren Untersatz. Anstatt sie zu den gängigen Mietwagenanbietern, wie Sixt, Hertz oder Europcar zu verweisen, kannst du deinen Gästen deinen eigenen PKW anbieten. Um die Vermietung zu vereinfachen gibt es mit www.drivy.de und www.snappcar.de inzwischen zwei Online-Plattformen, die sich auf die private Vermietung von Autos spezialisiert haben und sich auch direkt um Versicherung, Abrechnung und Co. kümmern.

Und dann gibt es natürlich noch eine Reihe von Gegenständen, die vor allem für abenteuerlustige Gäste relevant sein können, falls man in deiner Nähe Abenteuer erleben kann. Das kann zum Beispiel Foto- oder Videoequipment sein, damit deine Gäste ihre Erfahrungen aufnehmen können. Oder falls du in der Nähe von

Bergen vermietest, die benötigte Wander- oder Kletterausrüstung. Falls du dieses Equipment selbst nicht besitzt, kannst du auch mit den lokal ansässigen Geschäften sprechen und mit diesen einen Deal aushandeln, dass du für jeden vermittelten Kunden eine Provision erhälst.

Souvenirs

Was ist eine Sache, die so gut wie jeder Reisende für sich oder die Daheimgebliebenen mit nach Hause nehmen möchte? Richtig, ein Souvenir. Wenn du in einer sehr touristischen Gegend wohnst, schaue dir doch einmal in Ruhe die vollgestopften Souvenir-Läden in deiner Nähe an. Meist findest du dort erheblich überteuerte lokale Produkte, von denen du als Einheimischer sicherlich weißt, wo man diese günstiger erwerben kann.

Oder wie wäre es mit einem wirklich authentischen Souvenir? Die Frau eines bekannten Airbnb-Gastgebers ist leidenschaftliche Malerin. Sie nutzt die über Airbnb vermietete Wohnung sozusagen als Ausstellungsgalerie, indem sie ihre Werke an der Wand angebracht und mit einem kleinen Notizzettel versehen hat, dass man die Bilder dieses lokalen, aufstrebenden Künstlers auch kaufen kann.

Wenn es sich dabei um einen relativ kostengünstigen Artikel handelt, eignen sich Souvenirs auch hervorragend als kleines Willkommensgeschenk für deine Gäste. So habe ich mich z.B. sehr über eine kubanische Zigarre gefreut, mit der mich mein Airbnb-Gastgeber in Havanna begrüßt hat. Zwar bin ich seit 10 Jahren Nichtraucher, aber jeder Kuba-Besucher sollte einmal eine in Honig getunkte kubanische Zigarre mit Rum probieren. Möglicherweise waren beides mexikanische Fälschungen, aber ich habe mich trotzdem gefreut.

Gastgeber für Airbnb-Entdeckungen werden

Bist du ein begnadeter Sushi-Koch? Oder ein sehr ambitionierter Schildkröten-Züchter und möchtest nun die ganze Welt an deiner Leidenschaft teilhaben lassen? Dann könnte die neue Airbnb-Funktion »*Entdeckungen*« für dich interessant sein. Die Funktion wurde Ende 2016 ausgerollt und seitdem können Gäste nicht nur Unterkünfte, sondern auch Entdeckungstouren mit Einheimischen buchen.

Angeboten werden diese Entdeckungen allerdings nicht von Airbnb, sondern direkt von den Gastgebern. Sofern diese Funktion in deiner Stadt verfügbar ist, kannst du auf der Airbnb-Seite ein eigenes Angebot einstellen und deinen Gästen ein zusätzliches Abenteuer anbieten. Lass dich dazu am besten von den bereits verfügbaren Angeboten inspirieren. Als Entdeckungen werden bereits Street-Art-Führungen, Schmuck-Kurse, Yoga-Kurs und vieles mehr angeboten. Und das Beste daran ist, dass die Entdeckungen nicht nur von deinen eigenen Gästen, sondern von allen Airbnb-Nutzern gebucht werden können.

Falls diese Funktion in deiner Stadt noch nicht angeboten wird, kannst du immer noch überlegen diese privat anzubieten. Sofern du Lust darauf hast und über die notwendigen Kenntnisse verfügst, wirst du deinen Gästen mit einer privaten Stadtführung oder einem Kochkurs für lokale Gerichte sicherlich ein unvergessliches Erlebnis bescheren.

Als Co-Gastgeber aktiv werden

Und schließlich gibt es für erfahrene Airbnb-Gastgeber noch die Möglichkeit andere Gastgeber bei ihrer Vermietung kostenpflichtig zu unterstützen. Sofern diese Funktion in deiner Region bereits verfügbar ist, kannst du dir mit deiner gesammelten Airbnb-Erfahrung in deiner Nachbarschaft etwas dazuverdienen.

Du kannst dabei detailliert angeben, welche Aufgaben du anbieten möchtest (z.B. Buchungen verwalten oder Inserate erstellen) und mit dem Gastgeber den Preis direkt verhandeln. Dazu musst du auf der offiziellen Webseite ein paar Informationen angeben und anschließend nur noch abwarten, bis sich ein Gastgeber bei dir meldet. Alternativ kannst du Gastgeber aus deiner Nachbarschaft natürlich auch aktiv ansprechen und sie auf deine Dienstleistung aufmerksam machen.

Mehr Buchungen

Wenn du bis hier hin gelesen hast und jeden Schritt in diesem Buch gefolgt bist, hast du deine Unterkunft inzwischen auf Airbnb inseriert und auch schon die ersten Gäste empfangen. Möglicherweise fällt dir aber nach ein paar Wochen auf, dass du immer mal wieder freie Tage in deinem Kalender hast, für die du einfach keine Buchungsanfrage erhälst. Woran kann dies nun liegen? Nun, zum einen gibt es in deiner Nachbarschaft möglicherweise zahlreiche weitere Airbnb-Inserate, die ebenfalls versuchen Geld zu verdienen. Zum anderen spielt die Saisonalität beim Reisen eine große Rolle und die Nachfrage nach Übernachtungsmöglichkeiten ist möglicherweise aktuell gering.

Airbnb ist ein Markplatz, dessen Aufgabe es ist, jeden Gast mit dem perfekten Gastgeber zu verknüpfen. Der Kern dieses Marktplatzes besteht aus einer Suchmaschine und einem Algorithmus der bestimmt, in welcher Reihenfolge die Inserate den Gästen angezeigt werden. Sofern du schon einmal selbst nach einer passenden Unterkunft auf Airbnb gesucht hast, hast du vielleicht festgestellt, dass es häufig mehrere hunderte freie Unterkünfte zu deinen Reisedaten gibt. Und auf welche Unterkünfte hast du primär geklickt? Vermutlich auf diejenigen, die auf der ersten Seite ganz oben standen. Das ist das selbe Verhalten, dass du auch anwendest, wenn du auf Google nach etwas suchst.

Bevor du also mehr Buchungen erhalten kannst, musst du in der Regel erstmal dafür sorgen, dass dein Inserat von mehr Besuchern aufgerufen wird. Und wie machst du das? Nun, dazu musst du dafür sorgen, dass dein Inserat möglichst weit oben in den Suchergebnissen erscheint. Wie häufig dein Inserat von potentiellen Gästen aufgerufen wird, kannst du dir übrigens unter dem Menüpunkt »*Statistiken*« in deinem Gastgeber-Dashboard ansehen.

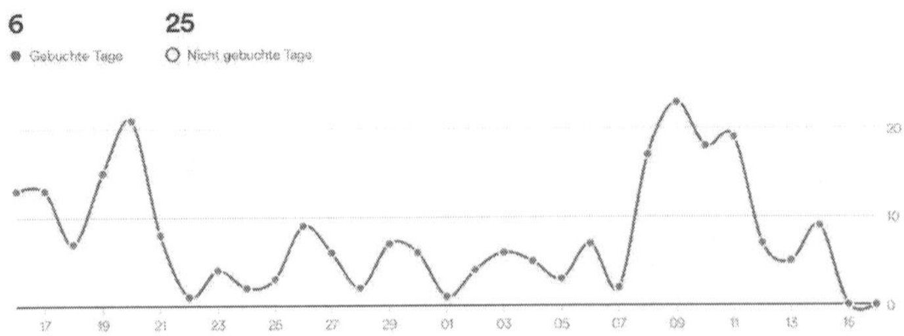

Aufrufe im Gastgeber-Dashboard

Falls du deiner Meinung nach zu wenige Buchungen erhälst, solltest du auf folgende elf Punkte besonderen Wert legen und nach jeder Änderung einige Tage später kontrollieren, ob sich die Anzahl der Aufrufe dadurch verbessert hat:

- Verwende hochauflösende, professionelle Fotos
- Bleibe aktiv und aktualisiere deinen Kalender regelmäßig
- Verwende die Sofortbuchung
- Beantworte jede Anfrage innerhalb von einer Stunde
- Teile dein Inserat regelmäßig im Freundes- und Bekanntenkreis
- Verwende angemessene Übernachtungspreise
- Versuche so viele 5-Sterne-Bewertungen wie möglich zu erhalten
- Lehne nur selten Buchungsanfragen ab
- Sorge dafür, dass dein Inserat auf vielen Wish Lists gespeichert wird
- Storniere keine bestätigten Buchungen
- Werde zum Superhost

Tipp: Richte deinen Airbnb-Kalender als Startseite in deinem Browser ein. Dadurch kannst du täglich kleine Anpassungen vornehmen und sorgst dafür, dass dein Kalender stets aktuell ist.

Werde zum Superhost

In Schritt 4 haben wir uns das ausgeklügelte Bewertungssystem angesehen, mit dem man Unterkünfte vergleichen und Urlaubserfahrungen miteinander teilen kann. Was bisher allerdings nur schwer möglich war, ist der Vergleich von Airbnb-Gastgebern untereinander. Zwar kann sich jeder Gastgeber über ein authentisches Airbnb-Profil in positivem Licht darstellen, allerdings ist dies für Gäste nur ein Auswahlkriterium von vielen.

Dies wurde 2009 mit der Einführung des Superhost-Status geändert. Denn mit dieser Auszeichnung werden die besten Gastgeber in der Community belohnt, die gewisse Qualitätskriterien erfüllen und ihren Gästen ein unvergessliches Reiseerlebnis bescheren. Da die Voraussetzungen für diese Auszeichnung sehr hoch sind, besitzen weltweit aktuell nur ca. 7% aller Gastgeber diesen Status.

Wenn du nun auch zum Superhost werden willst, gibt es fünf Gastgeber-Standards, die du gleichzeitig erfüllen musst. Diese werden vierteljährlich überprüft und beziehen sich auf das gesamte vergangene Jahr.

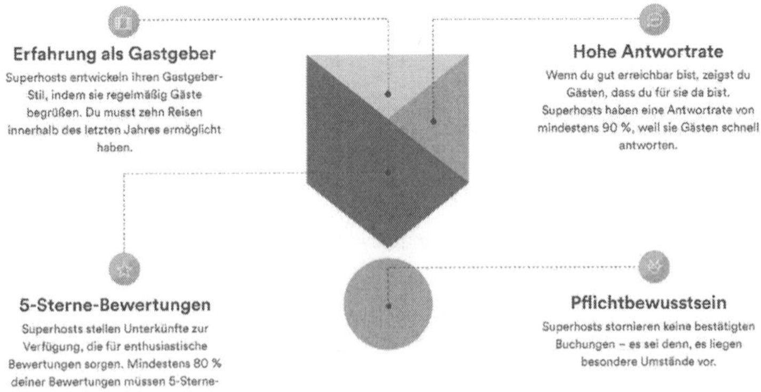

1. **Abgeschlossene Reisen:** Damit du genügend Erfahrung sammeln kannst, musst du mindestens 10 Buchungen als Gastgeber durchgeführt haben.
2. **Verbindlichkeitsrate:** Du darfst keine bestätigte Buchung stornieren. Stornierungen stellen für Gäste ein überaus negatives Erlebnis dar. Ausnahmen hierfür gibt es, wenn du die Sofortbuchung nutzt oder wenn du aufgrund von besonderen Umständen stornieren musst.
3. **Antwortrate:** Du musst mindestens 90% aller Nachrichten beantworten. Für die Evaluierung spielt es zwar keine Rolle, ob du eine Nachricht nach 5 Minuten oder nach 5 Stunden beantwortest, allerdings solltest du Nachrichten grundsätzlich schnellstmöglich beantworten.
4. **Bewertungen:** Mindestens 50% deiner Gäste müssen dir eine Bewertung hinterlassen. Dabei spielt es keine Rolle, wie viele Sterne die Bewertung hat.
5. **5-Sterne-Reisen:** Mindestens 80% deiner Gäste müssen dir eine 5-Sterne-Bewertungen hinterlassen haben. Versuche immer, 5-Sterne-Bewertungen zu erhalten.

Jetzt fragst du dich vermutlich: Das klingt aber alles nach sehr viel Arbeit. Ist es die Mühe überhaupt wert? Und welche Vorteile bringt mir dieser Superhost-Status denn konkret? Ich habe diesen Status bereits seit über drei Jahren und meiner Meinung nach gibt es folgende fünf Bereiche, bei denen du vom Superhost-Status profitierst:

- **Mehr Buchungen:** Meiner Erfahrung nach erhält man als Superhost mehr Buchungen (und kann gleichzeitig seine Übernachtungspreise erhöhen). Das liegt zum einen an dem besseren Ruf auf der Plattform und zum anderen werden Superhost-Inserate öfters in den Suchergebnissen angezeigt.
- **Profil-Abzeichen:** Immer wenn dein Profilbild auf Airbnb angezeigt wird, wird dieses automatisch durch den Superhost-Badge aufgewertet. Seit kurzem wird diese Information auf der Übersichtsseite unter den Inseraten ebenfalls angezeigt.
- **Filter-Möglichkeiten:** Auch wenn dem Großteil der Gäste der Superhost-Status vermutlich noch nicht bekannt ist, so kann man sich bei der Suche nach einer passenden Unterkunft inzwischen ausschließlich Inserate von Superhosts anzeigen lassen.
- **Bevorzugter Support:** Hast du eine dringende Frage oder ein Problem, dass du mit Airbnb klären musst? Als Superhost erhältst du eine exklusive Rufnummer mit bevorzugtem Telefon-Service
- **Reise-Coupon:** Wenn du es schaffst den Superhost-Status ein ganzes Jahr lang aufrecht zu erhalten, schenkt dir Airbnb einen 100 $ Reisegutschein für deine nächste Reise mit Airbnb.

Wenn du Airbnb als zusätzliche Einkommensquelle für dich erschließen möchtest, solltest du immer versuchen den Superhost-Status zu erreichen. Erinnere dich dazu einfach an deinen letzten schönen Urlaub und überlege dir, was diesen einzigartig gemacht hat. Genau dieses Gefühl solltest du durch Gastfreundschaft und Aufmerksamkeit ebenfalls bei deinen Gästen erzeugen.

Nachwort

HERZLICHEN GLÜCKWUNSCH, DU HAST das letzte Kapitel dieses Buches erreicht. Ich hoffe, dass es dir gefallen hat und du den ein oder andere nützlichen Impuls mitnehmen konntest. Egal, welche Tätigkeit du erfolgreich starten möchtest, du benötigst bei allem Konzentration, Fokus und den Willen die Arbeit zu erledigen. Mit dem, was du in diesem Buch gelernt hast, hast du jetzt eine ausgezeichnete Grundlage für einen erfolgreichen Start mit Airbnb und musst es »*nur*« noch umsetzen. Denke immer daran, dass der schwierigste Teil immer am Anfang steht. Daher macht es meistens Sinn die anfängliche Trägheit zu überwinden und am Ball zu bleiben. Spätestens nachdem die ersten Gäste bei dir übernachtet haben wirst du verstehen wie das System funktioniert und durch den Blick auf deine Kontoauszüge kontinuierlich einen zusätzlichen Motivationsschub erhalten.

»*Der beste Zeitpunkt zum Starten war gestern. Der zweitbeste Zeitpunkt ist heute*«. Warte daher nicht noch einen zusätzlichen Tag, sondern starte dein Airbnb-Abenteuer jetzt.

Die Zukunft von Airbnb

Auch wenn die aktuelle Berichterstattung in den Medien den Eindruck erweckt Airbnb sei die Quelle allen Übels und die Airbnb-Gastgeber seien hauptverantwortlich für steigende Mietpreise und Verdrängungen von Einheimischen, so bin ich fest davon überzeugt, dass die rasante Entwicklung der Plattform und die gesellschaftliche Adaption der Sharing Economy nicht mehr aufzuhalten ist. Der rasante Aufstieg von Airbnb war nur möglich, da die Gesellschaft nach einer neuen, innovativen Art des Übernachtens gefragt hat und diese Nachfrage durch Airbnb (und viele weitere Portale, die sich auf die Kurzzeitvermietung spezialisiert haben) gedeckt wurde. In Kombination mit immer günstigeren Reisemöglichkeiten, wie z.B. Easyjet/Ryanair und Unternehmen wie Flixbus, wird das Reisen immer weiter demokratisiert und ermöglicht es inzwischen allen Gesellschaftsschichten neue Regionen zu erkunden.

Auch wenn vor allem die Hotel-Lobby in zahlreichen Städten ihre politischen Geschütze auffährt und versucht die Expansion von Kurzzeitvermietungen einzudämmen, so gibt es inzwischen bereits die ersten sinnvollen, transparenten Regelungen, die einen gelungenen Kompromiss darstellen. Durch die Gerüchte eines anstehenden Börsengangs von Airbnb und die Expansion in neue Bereiche des Reisens wird die Plattform weiterhin versuchen etablierten Reiseunternehmen Geschäftsfelder streitig zu machen. Wer in diesen Zeiten die Digitalisierung verschläft, könnte schon bald der Nächste sein, dessen Existenz von einem ehemaligen Garagen-Startup aus dem Silicon Valley bedroht wird. Abgerundet wird das Ganze durch die ersten Bauvorhaben, die Übernachtungsmöglichkeiten errichten, die ausschließlich zur Kurzzeitvermietung über Airbnb angeboten werden.

Über den Autor

Nachdem ich seit über fünf Jahren bei meinen Reisen ausschließlich nur noch in Airbnbs übernachte, wollte ich vor einigen Jahren auch einmal die Seite des Gastgebers ausprobieren. Einer langjährigen Fernbeziehung sei dank sehe ich mich seit langer Zeit mit dem Problem einer vor allem am Wochenende leerstehenden Wohnung konfrontiert und hatte damit die optimale Voraussetzungen für einen ersten Testlauf. Seitdem durfte ich inzwischen hunderte Gäste empfangen und zahlreiche Gastgeber bei ihrem Airbnb-Abenteuer unterstützen. Aus manchen Gästen haben sich engere Bekanntschaften oder sogar Freundschaften entwickelt. Inzwischen hat sich das Gastgeben zu einer kleinen Leidenschaft entwickelt und daher hältst du gerade dieses Buch in der Hand, mit dem ich einen Teil meines Wissens und meiner Erfahrung strukturiert und aufbereitet einer breiten Leserschaft anbiete.

Außerdem kann ich damit den Punkt »*Einmal im Leben ein Buch schreiben*« endlich von meiner Bucket List streichen ;-)

Dezember 2017
Hannes Ühss

Zum Schluss noch eine letzte Sache

Wenn dir dieses Buch gefallen hat, freue ich mich sehr über eine kurze Kundenrezension auf Amazon. Jede Form von Rückmeldung macht einen großen Unterschied und ich lese mir jedes Feedback persönlich durch, um dieses Buch mit jeder Auflage verbessern zu können. Danke nochmals für deine Unterstützung und viel Erfolg bei deinem Airbnb-Abenteuer.

Falls du noch weitere Fragen, Anregungen oder Feedback hast, kannst du dich auch gerne unserer Community auf www.superhostcampus.com anschließen oder mir direkt via E-Mail an hannes@superhostcampus.com schreiben.

Glossar

Airbnb Host: Gastgeber, der seine/ihre Unterkunft auf der Airbnb-Plattform anbietet

Amenities: Equipment und Wohnungsausstattung

Booking inquiry: Buchungsanfrage eines Gastes

Cancellation: Verschiedene Optionen, wie eine Buchung storniert werden kann (flexibel, moderat, streng)

Entire Home: Vermietung einer ganzen Unterkunft, die der Gast für sich alleine nutzen kann

Homesharing: Teilen von selbstgenutztem Wohnraum

Instant Book: Ermöglicht es dem Gast eine Sofortbuchung zu tätigen, ohne vorab eine Buchungsanfrage senden zu müssen.

Pre-approval: Vorabbestätigung einer Kontaktanfrage eines Gastes

Private Room: Vermietung eines Privatzimmers, bei der manche Räume zusammen genutzt werden

Reservation request: Buchungsanfrage eines Gastes

Reviews: Gegenseitige Bewertungen von Gast und Gastgeber

Security deposit: Hinterlegen einer festgelegten Kaution, die für das Begleichen von Schäden verwendet werden kann

Sharing Economy: Geteilte Nutzung von Produkten und Dienstleistungen

Wish List: Eine digitale, auf Airbnb verwaltete, Liste, auf der du deine Lieblingsunterkünfte speichern kannst

43062249R00074

Printed in Poland
by Amazon Fulfillment
Poland Sp. z o.o., Wrocław